覚悟を磨く名言

自分の人生の主役たれ

LGS編集部編纂

KKロングセラーズ

目次

Ⅱ　絶望から立ち直る名言

Ⅲ 壁にぶつかった時に読む名言 …… 107

己の中の敵に克て！
大いなる勇気
最上の志とは

I

自分が強くなる

名言

自分の人生の主役たれ

人生劇場——あの飛車角《ひしゃかく》や吉良常《きらつね》の出るドラマではない。君自身が一生かけてつくりあげる君自身の人生ドラマだ。

脚本を書くのも、主演するのも、演出するのもまた自分だ。ときには華々しく脚光を浴びるときもある。

しかし、誰も目を向けないときもあるのだ。だが、このドラマからは降りられない。君という役の代わりをする人間はいないのだ。

主役になるのも、バイプレーヤーとして生きるのも君の選択次第だ。

でも、この地球という舞台で一生を演じるのなら、君は自分の人生の主役になってほしい。

誇りを持って生きろ！

いかにして生きるか

どんなふうに死ぬかではなく、どんなふうに生きるかが問題なのだ。

サミュエル・ジョンソン

光り輝くもの

宝石は、たとえ泥の中に落ちても、依然として貴重であり、埃《ほこり》は天へ上ったとしても、依然としてつまらない。

サーディー

美しく生きる

「人間はみんなが、美しくて強い存在だとは限らないよ。生まれつき臆病な人もいる。弱い性格の者もいる。メソメソした心の持主もいる……けれどもね、そんな弱い、臆病な男が自分の弱さを背負いながら、一生懸命美しく生きようとするのは立派だよ」

遠藤周作「おバカさん」

自ら光を放て

日の光を藉《か》りて照る大いなる月たらんよりは、自ら光を放つ小さき灯火たれ。

森　鷗外

堂々とわたりあう信念

相手を憎んで、け落とすようなことは、私の性格に合わない。敵も自分からつくらない代わりに、特定の人にべたべたとくっつくこともしない。あくまでも公明正大、堂々とわたりあう信念はある。

中内　功

無限に広い心

大洋よりも一層壮大なものは大空である。大空よりも一層壮大なものは人間の心である。

ユーゴー

青春時代の誇り

私は青年も自らの過失によってしたたかに傷つくことを、また傷つくことを恐れないことを希望したいのである。もし彼らの追及する目的が大きく高い場合には、彼らの流す血は実に美しく、そのような過失は断じて悔恨を伴うことはない筈である。それは若気のあやまちなどではもちろんなく、青春時代の誇りということができよう。

しかしながらもし彼らが、たとえ自ら意識しないにしても、他人を傷つけるばかりであって、自らは何の犠牲も払わないとしたら、その記憶は終生彼らを苦しめ、それを思い出すたびに穴があれば入りたい悔恨を起さしめるに相違ない。

河盛好蔵「愛・自由・幸福」

俺がやらねば誰がやる！

人生に代行はない

人生に代行などありはしない。生きるということは、孤《ひと》りのものでしかない。誰も君に代われぬし、君も誰のために代われるものではないのだ。

石原慎太郎「君に情熱を教えよう」

道

僕の前に道はない、
僕のうしろに道はできる。

高村光太郎

最前線

ええ格好をするな！　現実に足を地につけ、自分の身体で考えたこと以外はいうな！　実践とは、自分で手を汚して最前線に出て、初めてわかる。

中内　㓛

誰にも負けない気概を持て！

序列はない

――グランドに出たらな、先輩後輩の序列はないんだ。

長嶋茂雄〔「強者の行動訓」より〕

★「長嶋茂雄」――もし現代のヒーローの名を数人あげるとしたら、彼の名を忘れるものはいないだろう。ヒーローとは、人々の期待を裏切らない人間である。長嶋茂雄は、その意味ではまさに英雄であった。我々の期待に対して、常に燃えてくれる男であったのである。

この言葉は、昭和43年、巨人軍に入団したばかりの高田繁に対して、長嶋が言った〝檄〟である。バッティング・ゲージで打撃練習をしようとした高田は、長嶋の練習の終わるのを待っていた。ところが、長嶋は練習をやめようとしない。代わってくれるように頼んでも、止める気配がない。しかたなく待ち続けていた高田に向かって、ようやく打撃練習を終えて出て来た長嶋が怒鳴った。

「おい、高田、グランドでは俺を押しのけてでも打つくらいの根性を持て！」

今に見ている

そのころ、ちょいとしくじって寄席へ行けなくなっていたし、三人目の子供は生まれるし、マゴマゴしちゃいられません。はなしがダメならひとつあきないをやってみようと思い立って、納豆売りや荒物屋をやってみましたがうまくゆきません。あとは女房が働きにゆくしかない。どっからか着物ォかりてきて、洋食屋みたいな店の内働きに行ったんですが、そこだって一日五十銭しかくれない。

朝の八時に出かけて、夜ァ十二時近くなってやっともどってくる。あたしゃ一ン日家にいてガキの守りです。なにしろセガレの清がまだ赤ン坊だから、乳がほしくってギャアギャア泣く。赤ン坊なんてえものは近所めいわくなんてことはトンと考えねえんだから、ほんとに弱っちゃいます。あァいうときの男親なんてのは、まったくダラシのないものであります。

女房だって、こんな生活には、ほとほとあいそつかして、さすがにいろいろと悩んでいたようです。ふつうの家だったら、もうとっくの昔、女房が家をとび出すか、一家心中でもしているところでしょうが、あたしんとこは、グチひとついわないでがんばっている。

うちのかかァてえのは、ほんとうによくやってくれましたね。いくらズボラなあたしだって、かかァのいないところでは、涙ァこぼしたことだってありましたよ。女房だって、その時分はてえと、少しは落語界のことなんぞわかっているから、あたしのことなんぞ、なんとなくひとに聞いてみるんですね。はなしはうめえし、強情ばらなきゃァイイ芸人になれるのに惜しいことだ……とかなんとかひとがいうもンで、ちったァ、あたしの芸の値打ちてえものに惚れたりなんぞしていたんでしょうね。

それに、あたしは、自分でこんなことというのも変だけど、寄席に出られなくなったって、

「今に見てろッ」

てえ気持ちがあるからはなしの稽古《けいこ》ォやっていた。だから女房も、そのうち子供も大きくなるだろうし、あたしだって働けるようになるだろうと、わずかな「のぞみ」てえものはあったんでしょう。ですからこんなドン底の生活の中だって、メソメソしたところはない。家ン中ァ案外落ちついたものでしたよ。

古今亭志ん生（「私をささえた一言」より）

必勝の信念

部下に必勝の信念をもたせることは容易だ。それは、勝利の機会をたくさん体験させればよい。

エルウィン・ロンメル（児島　襄「指揮官」より）

才能

才能とは自分自身を、自分の力を信ずることである。

ゴーリキー

堂々たる志

志を立てる

——志立たざれば経書も用をなさず
志立てば小説も益をなすなり

菅　実彦

ビジョン

——常に将来へのビジョンを描いておけ。それが人々に希望を植えつける。

土光敏夫「経営の行動指針」

★人生を生き抜くにあたって、自分なりのビジョンや目標を持たない人は、現状維持的な考えや、保守的な行動をとりがちになる
自分のビジョンや目標を持つ人は、それをなんとか達成しようとする意思が働き、前向きの考え方をするようになる。おのずから、行動もそれに従い、活気のある生き方ができるようになる。将来へのビジョンを頭に思い描くことにより、生きる態度も変わってくる。

方針

はげしく動かんよりは、むしろ方針を正しくせよ。

イギリス俚諺

天は自ら助くる者を助く

自己の使命を自覚し堅固不動の自活的精神を以て事に当れば、天は自ら助くる者を助くること固より疑のなきことである。

團　琢磨（「資本主義の先駆者」より）

ひとすじの道をゆく

寝ても醒めても、夢中に板画のことばかりで一杯でした。その頃は、名ある版画家もカフェや料理屋のマッチペーパーまたは年賀状等々の仕事をつくっていました。こんなことでは駄目だ、とわたくしは思っていました。金になる、ならないを超えた、仕業位性の高い日本の版画をつくらなければならない――特にコンテンプラリーの――と思いました。このころ作った作品には、「又あとからあとからつづく人かづ　むなかたは　一とすじみち　を行く人　先を行く人　じゃまです」と刻むなど、気負いのものでありました。

わたくしはある日、意を決して小野さんのお宅を訪ねました。話を伺ううちに、わたくしは、「ワ（私）だば、バン・ゴッホのようになりたい」と言いました。すると、小野さんは、「君は、ゴッホを知ってるッ?」と言います。――中略――小野さんは新刊の雑誌を一つ持ってきました。『白樺』でした
口絵に色刷りでバン・ゴッホのヒマワリの絵がのっていました。赤の線の入った黄色でギラギラと光るようなヒマワリが六輪、バックは目のさめるようなエメラルドです。一目見てわたくしは、ガク然としました。何ということだ、絵とは何とすばらしいものだ、これがゴッホか、ゴッホというものか!

棟方志功「わだばゴッホになる」

＊　＊

旗あげ

卒業したら、京に上る。首都に攻めていってスーパースターになる。
首都に行かなきゃ、首都!
京に上って旗あげないと。広島で旗あげても、なびかないものね。パタパタ、ポ

ロッ。新聞紙の破けちゃうような旗だもの。

ところが、首都ではそうじゃない。バタバタバタバタバタとなびいてくれる。信じてた。

国会議事堂が見えて、東京タワーが見えて、京王プラザが見えなきゃ日本じゃない。ここで一発、落としまえつけんといかん。ここをオレの縄張《なわば》りにせんとね、ロックで。

矢沢永吉「成りあがり」

栄光のゴールを目指せ

サラブレッド——疾駆するために生まれたこの誇り高き生きもの、彼らは決して人間のために走るのではない。自分自身の意志によって、栄光のゴールを目指す。

彼らは勝つことの素晴らしさを、克服することの喜びを知っているのだ。

私たちも挑戦しなければならない。

漫然と歩くだけの人生から、力の限り疾駆する人生へ。

大地を蹴れ！　肉体を躍動させろ！

我々にはサラブレッドのような長い脚も、風になびくたてがみもないが、障害を乗り越える知能がある。全身で走れ！　自分だけの栄光のゴールを目指して……。

可能性に挑戦せよ！

青春は実験である

――青春とはすべて実験中である。

スティーブンソン

★人生を一つの作品と考えるならば、子供時代は、材料集めの時期、青春時代を試作品の時期、壮年時代を作品完成期、老年期を仕上げの時期と言い得ることができるのではないだろうか。子供時代に感じ、ためこんだ材料を青春時代では充分につかってみるべきではないだろうか。若いときの失敗は、後年大きな財産となることが多い。失敗を恐れず可能性に挑むことこそ、若者の特権である。

未来だけは残る

――なにもかもが失われたときにも未来だけはまだ残っている。

ボビー

チャレンジする

――拳闘を始めて以来、日を重ねるに従って彼はこのスポーツに熱中した。打ち合う時のあの感動に加えて、試合の時に自分が孤《ひと》りきりであるということが彼の気に入ったのだ。

その秋晩《おそ》く行われた、ハイスクールの全国トーナメントに、比較的選手の少なかったフェザー級で、早くも竜哉は選手の一員として出場した。組み合わせの抽籤《ちゅうせん》で、彼は運悪く最初の試合に前年度の優勝者を引き当てた。不運に同情する僚友に彼は笑って言った。

「相手が強けりゃなお良いじゃないか。十中八九はかなわねえ奴でも、万が一二にはチャンスが有るんだからね。見てる方にはつまんなくったって、やる方にとったらこんな面白い試合はないさ、やってみなけりゃわからねえよ、やってみなけりゃ」

石原慎太郎「太陽の季節」

畏れることなくぶつかれ

畏れることなく醜にも邪にもぶつかってみよう。その底に何があるか。もしその底に何もなかったら人生の可能は否定されなければならない。

有島武郎

常識からの解放

今日、よく耳にする言葉に〝インテリの弱さ〟ということがある。これは、インテリには、なまじっかな知識があるために、それにとらわれてしまい、それはできないとか、それはどう考えてもムリだ、と思い込んでしまって、なかなか実行にうつさないという一面を言った言葉だと思う。

実際〝ああ、それは今まで何度もやってみたんだが、できないんだ〟と決め込んでいることが、われわれの身のまわりには意外に多いのではなかろうか。ときには、自分の考え、また自分をとらえている常識や既存の知識から解放され、純粋な思いつき、というものを大切にしてみてはどうだろうか。

松下幸之助「一日一話」

自分がダメな人間と思うとき

人間の値打ちは失敗するかしないかでなく、失敗から起き上がれるかどうかによってきまる。一度してしまった失敗は、もう返ってこないけれども、同じ失敗をくり返さないよう努力し、新たにやり直すことはできる。自分はだめな人間だと思いこんだとき、人間はほんとうにだめになるものである。

宗　道臣「少林寺拳法入門」

時の勢いを理解せよ

――「例」という文字を「時」という文字に言い換えて考えよ。

（塵塚物語）

★この言葉は、応仁の乱の西軍の旗頭として知られる山名持豊が公家に語ったとされる言葉である。先例や古い慣習などにこだわらず、現代は時代の流れを見て行動しなくてはならない――という意味の言葉だ。山名は公家に対して「いつまでも先例にこだわるなら、あなたは我々の敵でしかない。しかし時代の流れを理解されるなら、必ず守ってあげましょう」と言ったといわれる。時の実力者、山名の自信に満ちあふれた言葉である。

青春の夢

――青春の夢に忠実であれ。

シラー

ギラギラした青春

――当時のおれは商社のオペレーターとして働いていた。通信士の端くれみたいなもんで、まあ、テレックスという機械の付属品だ。けれども、そんな生活に満足していたわけじゃない。面白くないから仕事を怠けるなんてケチな真似はしなかったが、腹のなかではいつも何かを狙っていた。それがあまり切実だったから顔に出てしまって、たまに鏡を見て自分で自分にギョッとしたことがあったほどだ。

友人なんて特に欲しいとはその頃考えていなかった。その前にやっておかなければいけないことがたくさんあるように思えてならなかった。おれはギラギラしていた。持っていないからギラギラしていた。何か手応《てごた》えのあるものを狙ってギラギラしていた。その何かが自分でもよくわからなかったために、あれこれと手を出し、失敗し、やり直し、焦るといった日々がおよそ千日間ほどつづき、そのなかから小説が生れた。

おれが小説を書くなんて、当時誰が想像したであろうか。ペンを握ってみるまで、いや、何枚かの原稿用紙を文字で埋めてみるまで、おれ自身でさえ信じられないことだった。可能性を探るとか、芸術のためとかの純粋といえば純粋な、生易しい動機のなかから、処女作《夏の流れ》が生れたのではない。それを書きあげたのは二十二歳の後半だった。そしてその作品が文學界の新人賞を受賞し、同じ作品で芥川賞をもらったのが二十三歳になったばかりのときだった。

もちろん、そんな青春を押しつけるつもりはない。また、おれ自身それでよかったのだとも思っていない。その証拠に、十年間小説を書きながら、心はいつもよそにあった。けれども、あのギラギラした感じこそが青春だとおれは今でも信じているし、いつの日かまたギラギラした立場にUターンしたいと願っている。

丸山健二「イヌワシ賛歌」

運命は己で切り拓け！

運命は自分の中にある

――汝の運命は汝じしんの胸中にある。

シラー

人生を自分で決める

――自分のショーは自分で演出する。

エルウィン・ロンメル（「指揮官」より）

★エルウィン・ロンメル――第二次世界大戦において、その名も高きドイツの名将である。「砂漠のきつね」と異名をとった彼を知らぬものはいまい。彼はあくまで自分の信念に忠実であった。信念を貫くため、ヒトラーと対立することになってもロンメルはひるまなかった。

己の生き方を決めるのは、運命ではなく自分自身である。自分の力の持てる限りをふりしぼって生きるとき、運命はおのずから開けるのである。自分の一生をプロデュースし、演じるのは、誰でもない自分自身であって、それ以外の何者でもない。

自分がどのように生きたかで、己の運命も変わってくるのだ。

忍耐、勇気、創造

人生はただ向こうから与えられるものではない。自ら創ってゆくものである。自ら創ってゆくにはやはり三つの段階が必要なのだ。ラクダの人生とライオンの人生と小児の人生。いいかえれば忍耐の人生、勇気の人生、そして創造の人生である。

梅原　猛「学問のすすめ」

山での可能性

山では人にできないことが自分の力でできる。努力さえすれば、それ相応に得られるものがあるのだ。目標とするルートの困難さが大きければ大きいほど、可能性を期待する楽しみも大きい。

吉尾　弘「垂直に挑む」

神の力の及ばないところ

自分だけが頼りなのだ。信ずるものはこの腕しかない。神々の力の及ばないところに私はいるのだ。この岩と雪の中に自分が同化してしまいそうな不安な心持ちになる。そこから逃れるために、私は力いっぱいアイス・バイルをふるった。行動す

―ることだけが私の神経をいやすのだ。

吉尾　弘「垂直に挑む」

頼れるのはわが身

―如何に知音を持つとも、頼まずに、ただわが身一つと心得べし。

鍋島直茂

人間になりたい

―わしは将棋以外になんにも知らん。知らんから、人に聞く。人に頼んでいろんな話を聞かしてもらうことにしている。それも極く肝腎なところだけを話してくれ、楽な話をせずに、なるだけ苦しんだ話をしてくれ。三、四枚皮をひんむいて人間にならなけりゃならないから……。

内藤國雄「阪田三吉名局集」

銀が泣いている

―その銀は進退窮まって出た銀やった。出るに出られず、引くに引かれず斬り死にの覚悟で捨て身に出た銀やった。ただの銀やない。それは阪田が銀になって、うつ向いて泣いている銀や。――それは駒とちがう、阪田三吉が銀になっているのや。

銀という駒に阪田の魂がぶち込まれておるんや――その銀が泣いとる、涙を流して泣いとる。

内藤國雄「阪田三吉名局集」

運命を糧とせよ

日の輝きと暴風雨とは、同じ空の違った表情にすぎない。運命は、甘いものにせよ、にがいものにせよ、好ましい糧として役だてよう。

ヘルマン・ヘッセ「困難な時期にある友人たちに」

貧乏ゆすり

皆さん、貧乏ゆすりというのは、なかなかむずかしいんです。

足に気を取られると、手がチグハグになる。手に気を取られると足が止まってしまう。でも、居眠りするよりは、チグハグでも貧乏ゆすりのほうがまだいい。

私は居眠りしそうになると一生懸命貧乏ゆすりして、一カ月、二カ月……、そして三カ月目頃から、だんだん貧乏ゆすりが気にならなくなった。気にならなくなるどころか、貧乏ゆすりのスピードと手のスピードが一致してくるようになる。そうして私は勉強のリズムをつかんだ。
〝早メシ、早グソ、貧乏ゆすり〟これを私は人生の三原則だと思っているんです。

徳田虎雄「頭の悪い奴が成功する」

与えられた光

私たちに与えられた光は、ただじっとそれを見つめているためではなく、それによってまだ私たちから匿《かく》されているところの、遠い先のものを開けて見るために、与えられているのだ。

ミルトン

前進、前進また前進

前進する

人間は、時に誤りを犯しながらも、足をのばして前進する。時にはすべって後ずさりすることがあるかもしれないが、完全に一歩後退することは決してない。

ジョン・スタインベック

知力の退化

鉄も使わなければ錆び、水も用いらざれば腐敗し、あるいは寒冷にあたって凍結する。人間の知力もまたこれと同じで、絶えず用いざればついに退化する。

レオナルド・ダ・ヴィンチ

働くことだけが幸せ

一分間さえ休む暇のないときほど私にとって幸せなことはない。働くこと、これだけが私の生き甲斐である。

ファーブル「昆虫記」

前進することで事実を知る

事実がわかっていなくとも前進することだ。やっている間に、事実もわかってこよう。

フォード（『フォード／その栄光と悲劇』より）

★アメリカの自動車王ヘンリー・フォードは、一八六三年七月にデトロイトで生まれた。機械工場の徒弟。エディソン電灯会社の機械工などを経て、九九年にデトロイト自動車会社を設立し、さらに安価な自動車の生産を目的としたフォード自動車会社を設立、初代社長となる。自動車部品の標準化、流れ作業を考案して大量生産と合理化をはかり、同社を世界屈指の自動車会社に発展させることに成功した。一九四九年四月、八四歳で死去した。

フォードの学歴は、小学校とデトロイト夜間実業学校だけである。事実、彼は字をあまり知らなかったし、設計のスケッチもできず、青写真も読めなかった。しかし彼は仕事を通じて、すべてを吸収し、持てる能力のありったけを自動車一本に絞り、注ぎ込み、前進を続けたのである。彼は事業の多角化には目もくれなかった。フォードは、神がかり的な人間でもなく、天才でもなかった。最大の特徴は責任感で、他人からの援助を好まず、孤高を守った。一つの仕事を成し遂げるためには、そうならねばならぬ面もあったのだろう。彼にとって事実は、前進の中からのみ表れて来るものであった。

小事にこだわるな

気にする必要もなく、忘れてもよい小事で心を乱してはならない。「小事にこだわるには人生はあまりにも短い。」

D・カーネギー「道は開ける」

世間へ飛びだせ

思案なんぞいっさいやめにして、いっしょに世間へまっしぐらに飛びだしましょう。あえていいますが、瞑想なんかする奴は、悪魔にとりつかれ枯れた草原のうえをぐるぐるひきまわされる動物みたいなものです。その周りには美しい緑の牧場があるのに。

ゲーテ

半歩前へ踏み出す

バカと天才とは、この世に存在することはまれである。すべてが我々凡人の世界である。そのなかで半歩前に踏み出すことのできる勇気を持つことが大切である。

中内　㓛

居直り精神

人間は誰だって劣等感を持っている。他人にひけ目を感じる部分を必ず持っている。事実は事実として、はっきりそう認めてしまえばいい。居直るのだ。

ところが大抵《たいてい》の人は、事実を事実として認めたがらない。あるいは事実を隠し通そうと努力する。だから「失敗したら大変だ」という意識ばかりが先に立って、目の前にやりたいことがあっても、なかなか手を出せない、ということになる。見栄や外聞を気にしていても、それが通用しているうちはまだいい。しかし、かならず壁にぶつかるものだ。壁にぶつからないようにするためには、じっとして動かずにいるか、山奥に逃げ込んで世捨て人になるしかない。

私は劣等感を肯定し、「駄目なオレが失敗してもともとや」という居直《いなお》り精神から再出発した。小さなプライドを捨てた。見栄や気負いもなく、無欲恬淡《てんたん》に手当たり次第のことをやってきた。他人に笑われることを怖れなくなったおかげで、本当にいろいろなことができた。

竹村健一「素人だからやりなさい」

劣等感

劣等感は、十全《じゅうぜん》に法則に適合できない生物が、より充実した生を生きたいと思っているのにそれがかなわない痛みであるともいえるだろう。とすれば、劣等感とは、積極的に生きたいとする生の願望が何らかの形で否定されることによって顕在化した痛みである、ともいえるということである。われわれは、そのことを忘れることはできない。つまり、劣等感とは、十全に生きたいと強くねがう人ほど味わわねばならぬ可能性が多くなる感覚なのであって、いちがいに萎縮した退嬰《たいえい》的なものと思うわけにはいかないのである。われわれは、ほとんどだれも、完璧な形で宇宙の意志を実現しているものではないはずであるから、そのことを強く意識したものほど劣等感を味わうであろう。欠陥だらけの人間でも、その人間が鈍感であり、自己を見つめる目がなければ平気なのである。だから劣等感というものは、高級な感覚だ、ともいえる。

三木　卓「青春の休み時間」

渾身の力をふりしぼれ！

一投創造

どんな球でも一投、これすべて創造だと思います。この球は自分にとって始めて投げる球だと思うと、なんともいえぬ感動が胸にこみあげ投球に熱がはいりました。

沢村栄治（「強者の行動訓」より）

燃えるローソク

人は両端の燃えているローソクのようでなければならない。

ローザ・ルクセンブルク（「男の決断行動学」より）

★ローザ・ルクセンブルクは、第一次大戦時のドイツ革命の闘士として名高い。彼女は、その四十七年十カ月の短い人生の中に、亡命一回、退去命令一回、下獄四回三年八カ月という歴史を残している。彼女の人生はまさに燃えていたのである。この言葉は、激動の時代を生きた彼女の、実感からほとばしり出たものであろう。

口説く

どんな女でも、本気になって口説くことを決心した男には靡《なび》かずにはいられないように、人生というものも、それを元気よく口説く人間には、その最上のものを提供せざるをえないものだ。

デュマ（「パリの王様」より）

死んで花実が咲くものか

「そうかい。なるほどね、飯の食い終わりが、生命のしまいか。なるほど、なるほど。これは、おかしいなあ。おまえさんね、なぜ、そんな死ぬ気になったんなら、それをみっちり相撲のほうに向けないんだよ、え、おまえさん。そんな、どうも、目の狭いこっちゃ困るね。なにも武隅《たけくま》関ばかりが関取りじゃないじゃないか。ほかへ弟子入りをして、またお願いしますと言って、死ぬ気になってやったらどうなんだ。越中節の文句にもある。

〽死んで花実が咲くもんか……、

やってごらん、死ぬ気になって。え、どっかに弟子入りしてごらん」

落語「阿武松《おうのまつ》」より

人生の価値

わたしたちの人生は、私たちがついやした努力だけの価値がある。

モーリアック

何を目的とするか

一人の人間の歴史において、もっとも重要なことは、その人が何を目的としたかということである。その人によって成し遂げられたすべてのことは、つねに大きな程度において偶然の事情によるものである。そしてその偶然の機会のために、実行されなかったその人の意志から遠く離れたものが出来上がってしまうことがある。そこで最も偉大な人たちの人生は、その人たちが実現した結果よりも、その人たちの目的と努力との中において、より多く表現されている。

ラスキン

努力が天才をつくる

誰よりも、三倍、四倍、五倍勉強する者、それが天才だ。

野口英世

★やけどで動かなくなった手が手術によって開いたとき、野口英世は医者になる決心をした。英世は、アフリカで黄熱病に倒れるまで、志は変わらなかった。貧しい農家に生まれた男が医者を志すとき、彼には山のような難題が襲いかかる。その困難と戦う彼の唯一の武器は、ただ全力を出すことであった。人と同じことをやっていては、人を抜くことはできない。二倍、三倍、五倍勉強するとき、人間は信じられないほどの力を発揮する。それは才能ではなく努力の結果である。群を抜く仕事を成した人間を、人々は天才と呼ぶが、何の努力もなしに天才であった人はいない。才能の二倍、三倍の努力をしなければ、才能は表れてくれない。全知全能を傾けて歩み続け、ふり返れば、君は天才と言われているかもしれない。

自信と全力

次の心得を守れば、十中八九だれでも成功する――自信を持つこと、そして仕事に全力を尽くすことだ。

トーマス・W・ウィルソン

失敗を恐れるな

失敗することを恐れていては思い切った働きはできない。同じ働くのなら精一杯の力をぶつけて働く。それで失敗するのなら仕方ない。

吉田忠雄

若者の勲章

若者にとって、酒は大人への勲章である。だから、無闇に飲む。大量に飲むほど、大人に近づけたような錯覚がある。反吐《へど》を吐き、乱暴狼藉《らんぼうろうぜき》を働き、大声で泣きわめいたりする。それでよい。失敗を恐れないのが、若者の特権である。醜態を演じるのが若者である、ともいえる。

吉行淳之介「ぼくふう人生ノート」

強き意志を持つ水となれ

水には形がない、方円の器に従う。

だが、雨だれとなって石を穿《うが》つ水もある。大河となって、一切を無に帰する水もある。燃えさかる炎を消す水、逆に電力となって灯りをともす水。

滞《とど》まる水は大量にあっても弱く、躍動する水は一滴でも強い。

水は人生に、そして男の生き方に似ている。

君は大河の一滴であろうか。それとも、奥深い山の岩清水であろうか。あるいは葉先の一滴か。どんな水でもよい。

だが、躍動する水、強い意志を持って流れる水でなければならない。滞《とどこお》っていてはだめだ。

己に勝つ

急がず、焦らず

人生はマラソンのような長距離競争である。一気に駆け抜けようとすると落伍することになる。急ぐべからず、焦るべからずである。徳川家康もいっているように、「人の一生は重き荷を負いて、遠き道を行くが如し。百里の半ばを九〇里とせよ」の心がけをもって、長い人生の荒波を根気強く渡らなければならない。人生の戦において、相手に負けるよりは、自らに負ける場合が多い。

大屋晋三（「男からみた男の魅力」より）

弱気になるな

武士は、仮にも弱気のことを云ふまじ、すまじと、兼々《かねがね》心がくべき事なり。かりそめの事にて、心の奥見ゆるものなり。

葉隠聞書

弱さに徹せよ

――弱いのは、けっして恥ではない、その弱さに徹しえないのが恥だ。　島崎藤村

一心に耐える

――いままでのボクの記録はみんな、耐えることでつくられてきたんです。　王 貞治

★王貞治は、言うまでもなく、世界的なホームランバッターの一人である。彼の記録は、まさに前人未踏であり今後彼のような人物が出ることはないであろう。しかし、彼は生まれつきの天才少年だったのではない。彼の人生は忍耐の連続だった。昭和三十二年、当時早稲田実業の投手だった王は、日本国籍がないという理由で、静岡国体出場を取り消された。彼の野球人生はここから始まり、彼の忍耐もまた、ここから始まったのである。

　早稲田実業から巨人軍へ入団、当時の監督水原は、投手として入団した王に打者への転向を勧めた。二十六打席無安打。一本足打法に変えた三十七年も、ホームランは出なかった。彼はその試練を、バットを振ることで耐えた。忍耐と努力で、王は不動のホームランバッターとしての地位を確立し、次々と記録をぬり変えていった。彼は耐えることで、日本プロ野球界に巨大な足跡を残したのである。

小が大を制す

経験は財産

自分の経験は、どんなに小さくても、百万の他人のした経験よりも価値のある財産である。

レッシング

大軍の油断

合戦するとき、一万と三千は、その大将の考えで、三千の方がたびたび勝つものである。そのわけは、小勢の方は、二つに一つと兵士たちは覚悟しているからである。だから、大軍の大将は油断してはならない。

前田利家（「名将言行録」より）

小よく大を制す

小さいから大を倒せる。そこに日本武道としての柔道の意義がある。

三船久蔵

★三船久蔵は大変小さな人であった。その久蔵が日本柔道界の星とも言うべき地位にいたことを知らぬ人はいまい。久蔵がそこまで登りつめることができた理由は、彼が小さかったからである。彼は自分が相手よりはるかに小さいことを知っていた。小さいということの不利も、小さいということの有利も知りつくしていたのである。ハンディの中から脱出する方法はハンディを利用することしかない。弱点を弱点として認め、それを乗り越えることができたとき、弱点は、弱点ではなくなる。逆に大きな力となり、よりどころとなるのである。三船久蔵の存在は、無言のうちにそう語っている。自分の弱点を見つめることにより人間は強くなれる。弱点が、強さを支えてくれるのである。

弱点を克服する

——人間のもっとも偉大な力とは、そのひとのいちばんの弱点を克服したところから生まれてくるものである。

レターマン

真の強さとは何か

真の勇気

指揮官が勝利を目標にするのは当然である。また、強い意志で部下を指導するのも、必要である。だが、ひたすら肉体を敵の銃弾の前になげすてることだけが、勇気ではない。近代戦の指揮官にとって、まず心がけるべきは味方の損害の防止であり、個人的信条を部下に押しつけないことである。

ジョージ・パットン（『指揮官』より）

神風特攻隊

ですから冒険が先じゃなくて、目的があって、その目的のためには、どうしても避け難い危険があったら、このときには本来私は勇気のない人間なんですが、でもそのときにのみ正常じゃなくなるんですね。危険に対してそれを越えていく勇気が湧くんです。だから私、一番尊敬できるのは特攻隊なんです。妙な話になりましたけど。いわゆる日本の国を救おうと思って、飛行機に乗って敵の戦艦なりなんなりに行きますね。神風特攻隊、ああいうもの、ものすごく好きなんです。

金子健太郎（『冒険と日本人』より）

事態を直視する

起こりうる最悪の事態を直視しよう。

D・カーネギー『道は開ける』

もう引き返せない

出発するとすぐ、帰ることばかり考えるんですよね。毎日先に進みながら、いかにして先に進むかじゃなくて、いかにして引き返すかっていうことばかり考えてるんです。それがある一定のところまで進むと、もう引き返しのきかない状況までくるわけです。そこで初めて、先に進むことだけしか考えなくなるんです。

植村直己（『強者の行動訓』より）

沈黙の男らしさ

「男らしさ」にもいろいろあるものだ。趣味の問題だが、君はどちらをとるだろうね。「図太い男らしさ」と「沈黙の男らしさ」と。それは告白することさえ止めるのだ。そして確証のもてない言葉はいっさい口に出さないこと、——もし君が本当に確証のもてないということを潔しとしないならば、だよ——。そして黙って生活することだ。誤って改むるには憚《はばか》らない人間。

原口統三「二十歳のエチュード」

勁直な人間

俺は強いんだぞ、と誇示した者にかつて勁《つよ》かった奴はいない。むしろ、名もない漁師や職人に勁直《けいちょく》な人間が多い。かつて私は海のすぐそばに棲んでいたことが何年かある。私はそこでいろいろな漁師と知りあった。彼等はみんな貧しく正直な男達だった。海に舟をだしてたったいっぴきの魚しか釣れない日があっても、それが彼等の生活を支えていた。そこには胸に迫ってくる生活の現実感があった。こうした彼等の日常を支えていたものが何であったかというと、それは勁さであった。彼等は弱者でありながら勁さをそなえていた。

立原正秋「男性的人生論」

執念を燃やし続けよ！

大義

大義を思ふ者は、仮令《たとえ》首を刎《はね》らるる期迄も命を大切にして、何卒本意を達せんと思ふ。

石田三成（『武将名言100話』より）

★関ケ原で家康に破れた石田三成は、戦いの日から三日目に、田中吉政の家臣に捕えられた。

十日ほど後、三成は小西行長、安国寺恵瓊とともに首かせをはめられ、大阪・堺から京都を引き回され、一条の辻、室町通りを経て寺町に入り、六条河原の刑場に引かれていく途中であった。

ひどく咽喉が渇いたので、三成は「湯が飲みたい」と警固の者に言った。警固の者はあたりを探したが、すぐ湯が手に入らなかったので、代わりに持ち合わせの干柿を取り出し、「とりあえず、これでも食べよ」と言った。

三成は「それは痰の毒になるから要らない」と断った。警固の者は、「いまにも首をはねられる者が、毒断ちするとは稀代未聞のことよ」と、悪しざまに嘲笑った。このとき、三成は「汝らにはわかるまい、大義を思う者は、首をはねられる最後の瞬間まで命を大切にして、なんとか本意を達そうと思うものだ」と言った。三成は、死の寸前まで、家康打倒の執念を捨てなかった。

いたるところ青山あり

男子志を立てて郷関を出ず、学若し成らずんば死すとも還らず、骨を埋ずむるに豈《あ》にただ墳墓の地のみならんや。人間いたるところ青山あり。

月照

寿命

人間に寿命があるように、われわれの仕事にも、それがいつのことかわからないにしても、やはり一つの寿命があると言えるのではないかと思う。しかし、だからといって、努力してもつまらない、と放棄してしまうようでは、人間で言うところの天寿を全《まっと》うせしめることはできない。これはいわば人間はやがて死ぬのだからと不摂生、不養生の限りを尽すのと同じであろう。

それよりもむしろ、いっさいのものには寿命がある、と知った上で、寿命に達するその瞬間までは、お互いがそこに全精神を打ち込んでゆく。そういう姿から、大きな安心感というか、おおらかな人生が開けるのではないかと思う。

松下幸之助「一日一話」

執念

やるべきことが決ったならば執念をもってとことんまで押しつめよ。問題は能力の限界ではなく執念の欠如である。

物事を成就させ成功させる力は何か、その力の中にはむろん能力があろう。だが能力は、必要な条件であってもじゅうぶんな条件ではない。じゅうぶんな条件とは、その能力に、起動力、粘着力、浸透力、持続力などを与える力である。そのような諸力を私は執念とよびたい。

土光敏夫「経営の行動指針」

精神を旺んにする

我が身にのしかかる重大事は、精神を旺《さか》んにして腰を捉え、無二無三に踏み破ってつき通らねば埒《らち》があかぬものである。

鳥居元忠（「武将の一言」より）

負けない

――必ず勝つ。たとえ勝てなくとも、必ず負けない。

大西瀧治郎（「指揮官」より）

矢沢道

――オレ、二番嫌い。一番ならなきゃ。一番二番の一番という意味じゃない。てめえに、ホントに落としまえつけたいと思ってるんだ。自分の背景に落としまえつけたいと思ってる。

矢沢のファンは、矢沢にうしろを振り向いて欲しくない。そう思ってると思う。オレ、もし、自分でこれ以上できないって思ったら、その年は休もうと思ってる。銭のためにってことでやるんだったら、オレやめる。もういいから。

だけど、まだまだ冗談じゃない。

もっと、もっと、もっと。まだ足りない。山三つ越えますよ、矢沢は。

所得番付だなんだで、オレがピーハツになって、カッコよく年取っていくなんてことになったら、ファンは矢沢に醒《さ》めるはずだよ。

日本のロックのミュージシャンが行ったことのないような場所、オレは行ってる。

これからも探して行くだろう。五回ぐらい行ってるうちに、人が踏み出した跡がつく。

けもの道じゃないな、ヤザワ道、ロックンローラーの道ができる。

その道を、オレからあとのやつらが通ればいい。どうぞ、オレは知らん。歩きたいやつは歩けばって感じ。オレは他人のためにやってるんじゃない。てめえのためにやってるんだ。

矢沢永吉「成りあがり」

一途に想い、そして徹せよ！

我慢に慣れる

体力に恵まれていますから、千五百局以上指していますが、一局も休んだことがありません。三十九年間皆勤賞ですが、これはすべていかに勝つかということだけに絞って生活しているからでしょう。酒も煙草もやめました。辛くても我慢には慣れています。

大山康晴（「強者の行動訓」より）

錐のように

成功するひとは錐《きり》のように——ある一点に向かって働く。

ボビー

本心一途

一事を成さんとしたら、本心一途にしたほうがよい。何事も血気に迷い、おじればしそこなう。おずるは平常のこと、試合の場ではおじけはゆるされぬ。溝を飛ぶときは、ずんと飛べ。危うしと思えば落ちこむぞ。

沢庵禅師

Ⅱ

絶望から立ち直る

名言

絶望の淵で思う

受験の失敗、失恋、左遷、病、事故……、その人によって原因は異なるが、長い人生、一度や二度は誰もが絶望の淵を経験するものである。人生に絶望すること自体は、誰もが経験することなのだ。

問題はその接し方にある。現実を直視して明日への希望を育もうとする者もいれば、その絶望から逃避することだけに終始してしまう者もいる。

絶望とは何か、人生にとってどんな意味があるのか、我々はその意味を知らねばならない。

どん底で人生を考える

青春時代

青春時代とは、問題のないことが異常なのである。問題があるほうが正常なのである。

いや、人生は一生、問題をかかえているのである。

青春には青春の問題があり、老年には老年の問題がある。

青春の問題を解決できないような人間は、老年になればまた老年の問題を解決できない人間なのだ。

加藤諦三「愛すること愛されること」

本当の味

泣いてパンを食べた者でなければ、人生の本当の味はわからない。

ゲーテ

重き荷を負うて…

人の一生は、重き荷を負うて遠き道をゆくがごとし。いそぐべからず。不自由を常とおもへば、不足なし。

徳川家康

積極的な人生

人間、貧乏であろうと、少しもあわてることはない。目的をもって生きる、信ずるところに生きる、修養につとめる、そこに自ずから、積極的な人生の楽しみが生まれてくるのだ。

伊藤　肇

執念

いや、フリーになって親子四人がどうやってメシをくっていこうかとずい分心細い思いでした。オレにはこの芝居しかない、しかし、ぼくは不器用だから、どうしていいかわからない。ともかく、この芝居の台本を百回読もうと決めたんです。長いものなので一回読むと二、三時間かかる。それでも、朝、起きてまず一回読むんです。そして夜帰ってくると、二時、三時でも、もう一回読んだんです。途中で疲労のあまり台本もったまま寝てしまうこともありました。公演中もずっと続けたんですよ。二百回ぐらい読んだんじゃないでしょうか。

一

なべおさみ「おれは何を目指せばいいんだ」

夢を持て！

夢を持て、でかければでかいほどいい、とにかく夢を持て――私は、ことあるごとに何度もそう述べている。

大ぶろしきをひろげておさまりがつかなくなってみろ、やらざるを得なくなるではないか。

夢を持てば、燃えられる。燃えられれば、どん底にも耐えられる。ヘンにひねくれることもない。

どん底に耐えられれば、裸になることができる。私は、新日本プロレスを旗上げした時、一軒、一軒、キップを売って歩いた。理想のプロレスをつくりあげるために、なりふりかまわず頭をさげた。十年近くたっても、私はそれをやった。

ちょうど、ブッチャーの移籍のころだった。ここ一番で興行を成功させねばならない時にストにぶつかり、大幅なキャンセルが出た。私は自分に言いきかせた。

日ごろ、裸になれといっているが、今、お前はできるか？　頭をさげてキップが売れるか？　ここ一番の興行ではあるが、大局的に見ればお前がキップ売りをすることはマイナス要因になるかもしれぬぞ。

しかし私はやった。浅草の街頭に立って売りあるき、それでもキップが残ったので一軒、一軒まわった。なぜなら、ほかならぬ自分へのチャレンジだったからだ。

アントニオ猪木「苦しみの中から立ちあがれ」

浄化作用

人間とは便利なものである。いまふり返ると、いい思い出しか浮かんでこない。ちょうど負けた馬券を覚えていないようなものである。三越の店員時代のこと、独学のこと、樫山商店創業当時のこと、しんどかったことや苦しかったことは、年月による浄化作用を受けて、すべてが懐《なつか》しいものに変わっている。決して〝順風満帆〟ではなかったはずだが、回顧するとそのように見えるから不思議だ。いやな思い出を忘れることができるからこそ、人間は希望を持って生きられるのかも知れない。

樫山純三

紆余曲折

私も橘家圓蔵に到達するまで、数多くの紆余曲折がありました。本当に並大抵のことではありませんでした。しかし今は、これからの目標もはっきりと落語というもの、はなしというものに定まり、それに向かって精進して行くことが出来るようになりました。

これをお読みになった方は、圓蔵の奴なまいきなことをいうと思うかもしれませんが、私のいいたいことは、二に二を加えて四にするのは駄目だ、といって三に一を加えて四にするのも駄目だ。これは数学ではありません、努力をするという理窟なのです。

一にいきなり三をぶつけろ、それで四にしろというんです。

それに、泣かされて、泣かされてから笑われるという事はどんな方でも多少でも苦労してると思います。自分が泣いてから笑ってもらうのです。さんざん自分が泣かされてからでなければ、人様を笑わすことは出来ない。

先代・橘家圓蔵「てんてん人生」

三十歳まで生きてみよ

いま、この齢となって私が若い人に言えることは、自殺するならとにかく三十歳まで生きてみる、ということだ。そこまで生きてからの思想上の死ならまだしも許せる。

青年の観念的な死への傾斜は人生の始まりであるが、一面から見ればその大部分がマヤカシであり、さもなければ病気である。病気は治さねばならない。

死というものを常々考えもしない人はまずヌキにして、「死への親近感」から始まった人々が、ついに「生への意志」に到達するのがあくまでも人間《ねーんげん》的な生き方というものである。

北杜夫「どくとるマンボウ青春記」

耐え忍ぶ

すぐれた人間の大きな特徴は、不幸で、苦しい境遇にじっと耐え忍ぶこと。

ベートーヴェン

どん底

絶望のどん底にいると想像し、泣き言をいって絶望しているのは、自分の成功を妨げ、そのうえ、心の平安を乱すばかりだ。

野口英世

★自分がいま幸福であるか不幸であるかは、自身の心の持ちようによって変わってくる。ものごとを悲観的にしか見られない人には、世の中の事象のすべてが自分に不都合なように動いて見え、反対に楽観的な人にはあらゆるものが好都合に見える。〝病いは気から〟という言葉があるように、気の持ちようで病気も軽くなったり、重くなったりするものである。

野口英世は周知のように幼いころ大やけどをして、手が不自由になった。もし、野口が自分の不具を悲観し、その後の人生に絶望していたなら、後世の偉人野口はなかったであろう。絶望や不幸をはね返す力、逆にその境遇をスプリングボードとして、向上していこうという気力を持つ者が成功を勝ちとるのだ。三重苦を乗り越えたヘレン・ケラーが良い例である。

敗北は次の勝利へのスプリング・ボードだ

敗けて勝つ

――家康の敗北の生かし方とは、次の機会までの力の蓄積の期間に転じる事であった。ここに、敗けて勝つ秘法がある。柔よく剛を制するのである。

早乙女貢「風雲児烈伝」

確実な敗北

――確実な成功にはなんらの栄誉もありえないが確実な敗北からは多くの力がほじくりだされるはずだ。

トーマス・エドワード・ロレンス

ただ一回の敗北

――成し遂げんとした志をただ一回の敗北によって捨ててはならぬ。

シェイクスピア

★人間社会は、また競争社会でもある。競争となれば、当然勝ち負けがある。勝者もいれば、敗者もいる。勝つこともあれば、負けることもある。「勝負は時の運」という言葉もあるように、大切なことは勝ち負けではなく、全力を尽くしたか否かである。全力を尽くした後、敗れたのであれば悔いは残らぬはず。そして、次なる戦いへの活力もわくはずである。ただ一回の敗北で投げ出してしまうのは、その戦いに対する執念がないからにほかならない。それでは、悔いの残らぬ戦いなどできるはずもない。

希望は失われない

希望を持つことはやがて失望することである。だから失望の苦しみを味いたくない者は初めから希望を持たないのが宜い、といわれる。しかしながら、失われる希望というものは希望でなく、却《かえ》って期待という如きものである。個々の内容の希望は失われることが多いであろう。しかも決して失われることのないものが本来の希望なのである。

三木清「人生論ノート」

絶望の先に希望の光が見える

そう遠くはない

人生は苦しい。人生は多くの人々に、陰惨《いんさん》な、希望のないものと思われています。しかし、それにしても、だんだん明るくなり、楽になってゆくのは、認めないわけにはいきません。そしてどうやら全く明るくなってしまうときも、そう遠くはないらしい。

チェーホフ

空気と光、そして友

空気と光と、そして友だちの愛、これだけが残っていれば、気を落とすことはない。

ゲーテ

★人間が生きていくためには、生命を維持していくもの（空気）と生きていくうえで希望（光）、そして、自分を励まし支えてくれる友人（愛）があれば、そう人生は悲観するものではない、とゲーテは言っているのである。「もっと光を！」とは、ゲーテが今際の際に残した言葉だが、彼は最後まで希望を求めた。どんな状況に陥っても希望を捨てなかったのである。人生は様々な起伏に富んでいる。何もかも失ったと思ったときにも、空気と光と友人は残っているものだ。まだ、夢はあるのである。

先を越されたとき

小ゑんでながらくやっているうちに、ラジオ東京の歌謡夕刊というなまのディスクジョッキー番組に、芥川隆行、丘みどりさんらと、またＴＢＳＴＶの歌まね読本の司会を石川進さんと、その他単発のドラマだとか、コメディ等を演じ、雑誌の仕事もできてきて、漫談や本業の古典落語を演じているうちに、〝小ゑんちゃん〟で世間にも知られるようになり、やがて真打という声がかかってきた。

この時、志ん朝が先に真打になるというので、おもしろくなかった。

後輩が追い越してゆくと思うと、イヤだった。真打になろうと思うからこそ、我慢し、修行し、辛いことも、いいいい、しきたりだと思って働いてきた。ただそれだけが目標だったといっていい。噺家なら、誰だってそうだ。

それが、後からくる者が先に真打になる。

わたしが噺家として拙《つたな》いなら、これはしょうがない。しかし、わたしはけっして噺が拙いとは思わなかったし、彼にヒケをとらないという自信もあった。修行の年代もわたしのほうが古いのだし、十年で真打になるのが普通のこの世界なのに、五年ぐらいで真打になるというのは、どう考えてもなっとくがゆかない。おまけに円楽もさきに真打になるという。

わたしは師匠の小さんへかけ合った。すると師匠は〝気にするな、実力のある者が最後に勝つ〟五年でなったのと十年でなったのと同じならお前がわるいといわれたが、どうもなっとくできない。そんな時、大阪から話があって、こないかといわれ、いっそ行ってやろうか、とも思ったほどだ。

しかし、どうさからったってだめで、

〝やなら、よしねえ〟

とくるだろうし、よしちまったら元も子もなくなるからとにかく我慢した。

立川談志「現代落語論」

奴隷と王

祖先のうちで奴隷でなかった者もなかったし、奴隷の祖先のうちで王でなかった者もいなかった。

ヘレン・ケラー「私の生涯」

五十パーセントの幸せ

この世に百パーセントの不幸というものはない。五十パーセントの不幸はあるけれども、半面そこに五十パーセントの幸せがあるわけだ。人間はそれに気がつかなければいけない。とかく人間の感情というものは、うまくいけば有頂天になるが、悪くなったら悲観する。これは人間の一つの弱い面だが、それをなるべく少なくして、いつの場合でもたんたんとやる。信念を持っていつも希望を失わないでやることだ。

「天は二物を与えず」と言うが、逆に「なるほど、天は二物を与えないが、しかし一物は与えてくれる」ということが言えると思う。その与えられた一つのものを、大事にして育て上げることである。

松下幸之助「一日一話」

悲しみを乗り越えるために

他人と同じ悲しみ

他人もまた同じ悲しみに悩んでいると思えば、心の傷はいやされなくても、気はらくになる。

シェイクスピア

雪の後ろ

悲しめる心よ、落ちついて悔ゆるのをやめよ。雪の後ろには太陽が照っている。

ロングフェロー

★明けない夜はない。これは真理である。だが深い悲しみに落ちた者は、この真理を忘れてしまう。苦悩と後悔の殻に自ら閉じ込もって、光を見ようとはしない。殻の中にしばらく閉じ込もるのはよい。だが、そこで心の揺れを鎮め、もう一度、違う角度に視線を転じてみることだ。厚い雲に閉ざされた天空にも一条の光が差していることに気がつくだろう。

悲しみの治療

悲しみのための唯一の治療は何かをすることだ。

ルーイス

悲喜こもごも

何事につけても、良いことがあれば、次にまた悪いことも起こるもので、その点をよく考えて、悪いことの起こらぬ先に注意することが肝心である。また、悪いことがあれば、次には良いこともあるはずだと思って、心を慰めなさるがよい。生まれ出る喜びがあれば、また、必ず死する悲しみがあり、悲喜こもごも到来するのである。

北条重時の家訓（「武士の家訓」より）

悲しみを武器とせよ

悲しみはそれが悲しみであるかぎり、féconde（生産的）ではありえないように今のぼくには思える。ものを産み出す力はつねに悲しみを一つの武器として転化していくものでしかないのだ。

大宅　歩「詩と反逆と死」

ベストを尽くす

悲しむことはない。いまの状態で何ができるかを考えて、ベストを尽くすことだ。

ジャン・ポール・サルトル

★実存主義をうたったこの高名な思想家を知らぬ者はいないだろう。「嘔吐」「存在と無」「弁証法的理性批判」などの一連の思索的な著作は、近代の若者に大きな影響を与えた。また、彼は一九六四年にノーベル文学賞に選出されながら、これを固辞したことでも世界中に話題を投げかけている。

この言葉は、哲学的な思索から出たというより、そのまま直截的に若者に理解できる言葉である。自己の置かれた境遇について悩み悲しむより、その状況の中で自分が何をできるかを考え、ベストを尽くしながら前進することが、悲しみや悩みから逃れる唯一の方法なのである。

絶望への挑戦

絶望感に打ちひしがれているとき、人間は様々な対応をする。

中には、たった一度の挫折や敗北でその世界から消えていく者もいる。

だがその一方で、何度も何度も挫折や敗北に遭いながらも、そのたびに克服しよみがえる者もいる。

逆境に陥った人間が、どんな対応を見せるかによって、その人の真価がわかるのである。

人間の一生は、生きていること自体が戦いである。

絶望への挑戦は、人間が生きていくうえで避けられない現実なのだ。

諦めは敵である

限界

よく、これがもう俺の限界だと、弱音を吐く奴がいる。限界だ、限界だ……と口ぐせではなかろうかと思うくらい、「限界」の二文字を口に出す。私にいわせれば「限界」なんて言葉はこの世の中にはない。「限界」というから、限界ができるのだ。なぜ自分から「限界」という一線をひかねばならないのか？　もともとありもしない「限界」にこだわると、己れの力に疑問をもつようになり、しくじったり、できなかった時、

「ああ、これが俺の限界だ、もうダメだ」

とギブアップしてしまう。

アントニオ猪木「苦しみの中から立ちあがれ」

戦う心

落伍者とは、戦う心を失った人をいう。生きていること自体、なんらかの意味で戦う場である。

中内　㓛

勝つ順

――負け将棋も一手違いに指せ、しからば勝つ順あり。

小野五平十二世名人

★常に強い者が勝つ、非情な勝負の世界。だが、彼我の力の差がいかにあろうとも最後まで勝負を投げてはならない。粘りに粘って、三手差を二手差に、二手差を一手違いにまで持ち込むことが、やがて相手と同じ技量になり、打ち倒すことにつながってくる。

長く続ける未来

「画家として認められている人が、文章がうまい、ということがよくあるでしょう。何かひとつのことで抜きんでると、ほかのこともよくなる。自分の見方ができますからね。話すことでも同じです。そのためには、どんなことでもいい、これなら人に負けないというものを作ることです。料理でも、俳句を作ることでも。大切なのは長く続けること。10年、20年と続けてゆけば、つかめるものがあるはずです」

山川静夫

未来

すべてが失われようとも、まだ未来が残っている。

ボビー

あきらめは敵

私にとって最も不快なものは、あきらめである。あきらめきれぬということばは、あきらめを肯定してそれに到達し得ぬ場合にのみ用うべきものである。が、私はあきらめを敵とする。私の日々の努力は、実にこのあきらめと闘うことである。

北条民雄（「燃える男だけが生き残る」より）

新たな道

何事によらず、志《こころざし》を立てて事を始めたら、少々うまくいかないとか、失敗したというようなことで簡単に諦めてしまってはいけないと思う。一度や二度の失敗でくじけたり諦めるというような心弱いことでは、ほんとうに物事を成し遂げていくことはできない。

世の中は常に変化し、流動しているものである。一度は失敗し、志を得なくても、それにめげず、辛抱強く地道な努力を重ねていくうちに、周囲の情勢が有利に転換して、新たな道が開けてくるということもあろう。世に言う失敗の多くは、成功するまでに諦めてしまうところに原因があるように思われる。最後の最後まで諦めてはいけないのである。

松下幸之助「一日一話」

青春の可能性

多くの人が絶望と感じ、不可能と判断することに対しても青年は希望を失わない。反対に多くの人々にとって自明の理と考えられていることがらについても、一応これを自分の眼で見、自分の頭で考えてみる熱意と努力を惜しまない。天才が永い努力の結果到達した地点に、自分もまた出発点から自分の足で歩き直してみようとする野心を胸いっぱいに抱く。感覚は鋭敏で感受性は新鮮なために、何を見ても面白く楽しく、一切の人生現象が精神の養いとなる。自分たちの置かれた位置や環境がどのようなものであろうとも、その位置や環境に容易にとけこみ、それになじんで、世界は自分を中心にして回転する。恐らく、世慣れた老人から見れば、若い人たちの野心と夢に充ち溢《あふ》れた姿は、世間知らずの、お坊ちゃんの、独りよがりの、見るからにあぶなっかしい姿であるに相違ない。しかし、新しい人生が、新しい世界が、自分たちから始まると思い込むところに青春時代の深い意味があるのである。

河盛好蔵「愛・自由・幸福」

転んだら起きる

奥多摩のさらに奥、大菩薩峠に近い所のある山に登った。調査の必要があって、東京都の役人や土地の案内人といっしょであった。海抜一四〇〇メートルぐらいで、普通の高さの山であるが、急傾斜のために疲れる。夏の山はさわやかで、駒鳥やうぐいすが鳴いてすてきだ。富士や大菩薩や雲取山がみえる。東京ものはすっかり疲れて風景を賛美したり、鳥の声に聞き入るようなふうをしては休むのである。

山の中腹に七、八戸の小さな部落がある。平家の落人だと伝えられているが、とんでもない所に家を作ったものだと驚嘆した。四十度以上の角度の所を切り開いて住みついたのである。子供は一里以上の小道、道といってもくまの通るような道で、やわらかい、小石でうっかりするとすべり落ちる、その道を通って学校に通っている。

小学校二、三年生ぐらいの女の子たちが数名ひどい傾斜の道を平気で降りて行く。気になる。ひとりの役人が声をかけた。

「君たちは実に達者だな。だがこんなひどい道で転んだらどうする」

利発そうな目のクリクリしているかわいい子がふり返った。

「おじさんはおかしなことを言うね。転んだら起きてまた歩けばいいじゃないか」

役人と私とは目を見合った。私は心の中でうなった。子供をみると、みんな平気で早足で降りて行く。

「転んだら起きてまた歩けばいいじゃないか」もう一度私は自分に言いきかせて、気の弱い青年の事を頭に思い浮べたのである。

赤尾好夫「若人におくることば」

敵も苦しい

戦争は味方が苦しいときは敵も苦しい。もはや退却というときに、突然敵が退散するのは、戦場では珍しくない事例である。なによりも、戦意を失わぬことが肝要である。

阿南惟幾（「指揮官」より）

運命に立ち向かう

ベストをつくす

最善をつくそう。そのあとは古傘をかざして、非難の雨が首筋から背中へ流れ落ちるのを防げばよい。

D・カーネギー「道は開ける」

時節到来

上下によらず時節到来すれば、家が崩るゝものなり。其時《そのとき》崩す間敷《まじき》とすれば、きたな崩しするなり。時節到来と思はゞ崩したるが能《ごと》きなり。其時は抱留《いだきとど》ることもあるものなり。（上下によらず、時がくれば家は崩れるものだ。その時崩すまいと悪あがきすれば、見苦しい崩れ方をするものだ。時が来たのだと思ったら、きれいに崩してしまうのがよいのだ。そうすれば、かえって崩れずに持ち直すこともあるのだ）

鍋島直茂

前世の報い

思わぬ失敗をしたり、不慮の災難に遭ったりなどして歎《なげ》かわしい事が起こってきたとしてもむやみと歎き悲しんではなりませぬ。これも前世の報いだと思って、早くあきらめなさるがよい。それでも悲歎の心がやまぬならば、次の歌を口ずさまれるがよい。

浮世にはかゝれとてこそ生まれたれことはりしらぬ我が心かな

北条重時の家訓

天命

負けることのない戦に負け、亡ぶことのない家が亡ぶのを、人はみな天命といっている。自分は天命とは思わず、みなそのやり方が悪いためであると思う。つねづねやり方をよくしておれば、負けることはあるまい。

武田晴信（信玄）

なるようになる

「人間万事、塞翁が馬」ということわざは、ときとして「人間なんてなるようにしかならないのさ。あくせくしたってはじまらない」というような意味に使われることがある。私はこれは間違いだと思う。
私は、「なるようにしかならない」人生ではなく、「なるようになる」人生をつくるために努力することのほうが大事であろうと思う。

大山梅雄「会社再建の秘訣」

運命に耐える

人間は毅然《きぜん》として、現実の運命に耐えていくべきだ。そこに一切の真理がひそんでいる。

ゴッホ

★人間には、自分の力ではどうすることもできないときがある。こんなとき、我々は「運命」という言葉を使う。目には見えない運命《さだめ》のようなものに、一生を左右されることも確かにある。しかし、たとえ運命にもてあそばれる人生であっても、人間はその力に流されてはならない。現実は現実として直視し、その流れに耐え抜かなくてはならない。そこに運命を切り開く道もある。

苦しみを超克せよ！

崇高なこと

――苦しんで強くなることが、いかに崇高《すうこう》なことであるかを知れ。

ロングフェロー

苦悩の超克

――苦悩の超克《ちょうこく》を実現するための聖なる道は八つの部分からなる。すなわち、正しい見解、正しい決意、正しいことば、正しい行為、正しい生活、正しい努力、正しい思念、正しい瞑想である。

釈迦

拍車

――苦悩は活動への拍車である。そして活動のなかにのみわれわれはわれわれの生命を感ずる。

カント

才能

苦しむこともまた才能の一つである。

ドストエフスキー

馬耳東風

「自分がつぶされないように、そればかり考えた。雑音は気にせず、馬耳東風と心がけ、さらにヤケ酒はなるべく飲まずに本を読んでイヤなことを忘れるようにしたものです。いちばんストレス解消に役立ったのは〝天文学〟の本でした」

丸紅社長　池田松次郎

仕事より仕己

雨季が過ぎ、乾季が来て、また荷揚げの労働はつづく。

「仕事じゃと思うたら毎日がつまらんもんじゃけ。事に仕えるほど苦労はない。それよりも、己に仕えると思うた方がええ。仕事より仕己じゃ」

と、兵太郎は自分自身にいい聞かせた。

藤本義一「天井知らず」

足跡

黄昏の砂浜は歩きづらいが、振り返ると波うちぎわに自分の足跡が……自分だけの足跡が……一つ一つ残っている。アスファルトの道は歩きやすいが、そこに足跡など残りはしない。

遠藤周作「ただいま浪人」

★ある作家が「人間の過去はみんな青空になってしまう」と言っている。苦しかったこと、つらかったことも、時間というフィルターを通すと楽しい思い出になってしまう、という意味である。その意味からすれば、人間は初めからアスファルトのような道を歩いたほうが楽なのかもしれない。しかし、それでも人間はときとして、自分だけの足跡が欲しくなることがある。たとえ将来は同じ青空かもしれないが、ひときわ青い空を求めて砂浜を歩こうとする。自ら苦しみに挑み、それを越えたときの快感を我々は知っているからだ。

戦え、そして克服せよ

絶望から脱出するには、戦わねばならない。

何と戦うのか。

まず自分と戦わねばならない。

なぜ失敗したのか、挫折したのか、その原因を見極める必要もある。

そして次に、勇気を奮い起こし、反骨の血をたぎらせねばならない。

戦い方は人様々である。

だが、どん底からはい上がるためには、どんな境遇をも乗り越えようとする気迫が必要である。

鬼となって立ち向かう意志の昂揚《こうよう》がなくてはならない。

絶望からの脱出

手近の一つ

人はよく絶望するという。絶望とはなんであるか、それは彼の身辺にあまりすることが多すぎて、どれから手をつけてよいやらわからなくて、義務にせめられることである。これを脱するには、まず手近の一つから果たしていくがよい。

グラッドストーン

戦い得ないもの

人間の苦しみや悲しみで、人間の戦い得ないものはないのだ。

椎名麟三

★思春期、それは若者が思い悩む時期である。人生、恋愛、ｅｔｃ……。様々な問いを自分自身に投げかけ、あるいは自分なりに道を見い出して歩き始め、困難に出会って挫折する。〝人生曰く不可解〟の言葉を残して、華厳滝から身を投げた若者もいるが、ほとんどの若者が挫折を乗り越えて大人へと成長する。絶望が若者を追い落とす淵であるなら、希望はそこから若者を拾いあげる救いの手である。

失意をバネにせよ！

人間は生きていく力を全く失ったら自殺しない。しようにも、できやしない。自殺を考えるのは、生きる力がまだ十分に残っている証拠である。失意は発条《ばね》である。

むのたけじ「たいまつ」

人生は無限に深い

自己に絶望し、人生に絶望したからといって、人生を全面的に否定するのはあまりにも個人的ではないか。人生は無限に深い。われわれの知らないどれほどの多くの真理が、美が、あるいは人間が、かくれているかわからない。それを放棄してはならぬ。

亀井勝一郎

★「人生論」や「愛の無常について」などの著者である亀井勝一郎は、〝人生は旅、人間は旅人である〟という芭蕉以来の日本人特有の観点に立って人生論を展開した。人生は長くそして深い。決して一直線上の道のりではない。若いときに人生に絶望したからといって、それで自分の残りの人生すべてを絶望してはならない。人間の生き方は年齢とともに変わり、味わい深くなっていく。若いときには若いときの、中年には中年の、そして老人には老人の生き方がある。ましてや、自分という個人の人生に絶望したからといって、人生（人間の生き方）を全面的に否定するのは、人生に対して傲慢ではないだろうか。

途中で泣くな！

はじめにおわりがある。抵抗するなら最初に抵抗せよ。歓喜するなら最後に歓喜せよ。途中で泣くな。途中で笑うな。

＊　＊

二度絶望することはない。二度は絶望できない。二度絶望したと思っている者は、一度も絶望していない。

むのたけじ「たいまつ」

強烈な快感

絶望のなかにも焼けつくように強烈な快感があるものだ。ことに自分の進退きわまったみじめな境遇を痛切に意識するときなどはなおさらである。

ドストエフスキー

あと始末

キミ、死んじゃいけないよ。きのうから宇垣中将は沖縄にとびこんだ。大西中将はハラをきった。みんな死んでいく、これでは誰が戦争のあと始末をするんだ。キミ、死んじゃいけないよ。

小沢治三郎

★小沢治三郎中将は、太平洋戦争の末期である昭和二十年四月に「海軍総司令官兼連合艦隊司令長官、海上護衛司令長官」に就任した。つまり、帝国海軍最後の連合艦隊司令長官になった人物である。

鈴木貫太郎内閣の海軍大臣になった米内光政海軍大将は終戦を志した。そのさい海軍将兵を総督できる人物は〝無私の提督〟小沢中将以外にないと判断、彼を大将に昇進させて連合艦隊司令長官にしようとしたが、小沢中将は固辞した。そこで、米内大将は中将の先任者を移動させ、小沢中将が中将のまま司令長官になっても最上級者であるように任命した。小沢中将は終戦を迎えると、厳重に将兵の自決を禁止した。厚木航空隊が抗戦を叫び、その説得に向かう寺岡謹平中将に対して、彼の手を握りながら、小沢司令長官が言った言葉がこれである。

アウト・レインジ戦法など独自の艦隊戦闘法を考え出し、戦術家としても秀れていた小沢中将は部下思いの軍人であった。

絶望といかに戦うか

死んでもともと

誰しも一度は死ぬ。一度死んだら二度死ぬことはない。それだったら、今のうちに死んでおこう。そうすれば、あとは気楽だ。死んでいるものに生死《しょうじ》はない。こういうことは、一通り修行をしたものなら、誰も体得することであるから、不思議なものだ。

菅原義道「死んでもともと」

成りあがり

十の力を持ってたら、九までは、塾だ受験だちょうちんだでいいよ。でも、一ぐらいは、残りの一ぐらいは、一獲千金じゃないけど、「やってやる！」って感覚を持ちたいね。オレ、本気でそう思ってる。

成りあがり。

大好きだね、この言葉。素晴らしいじゃないか。

こんな、何もかもが確立されきったような世の中で、成りあがりなんて……せめ

──て、やってみろって言いたいよ。

矢沢永吉「成りあがり」

静かなる戦い

──雌伏《しふく》もまた静かなる戦いなのである。

早乙女貢「風雲児烈伝」

朝顔

ある思想犯で刑務所に入れられた男があった。

彼は数年の独房生活でまったく廃人のように心身ともに疲れ切って、世の中に対する希望をほとんど失わんとしていた。

彼の独房の窓に、一はちの朝顔が置き忘れてあった。その朝顔は、日も当たらず、水もくれる人がないので、まことに貧弱な小さな花を一つもった。その花が落ちると、さらに小さな花をもった。そしてまさに枯死せんとしながらも、その草としてできるだけの、次第に小さな花を持ちつづけて、初めの花の五分の一にも足りない小さな花が散るとともに枯死してしまった。

囚人は、この花のさまを見て「草花でさえ、最後まで、自己の全力を尽くして、生命の本分を尽くそうとする。しかるに自分は人間でありながら、何たるざまだ」

といいたく反省し、再び人生に光明をみとめて更正したという。

赤尾好夫「若人におくることば」

成功への根気

ぼくは根気よく持ち込みを続けた。

目標は漫画週刊誌だった。

十回持ち込んでやっと一回載る、というペースがだんだん二回になり三回になっていった。

三回が五回になり、二回に一回は載る、というようなペースになっていった。

そのうち雑誌社のほうから企画ものの注文がときどき来るようになった。

そんなことが一年ほど続いたあと、

「来年からはひとつ、連載でいこうじゃないの」

という声がかかったのである。

一瞬ぼくは、わが耳を疑った。

耳どころか頭も疑った。

それまでのぼくは、あるかないかわからぬ雑誌社からの注文をひたすら待つか、あるいは持ち込みをするかという生活だったから、連載という言葉がピンとこないのである。

「連載というと、あの……毎週毎週続けて載る連載ですか?」

「そうです。毎週毎週続けて載る連載です」

編集者は落ちついて答える。

「すると、あの……毎週毎週欠かさず切れ目なく載る連載ですか?」

「そうです。毎週毎週、欠かさず、切れ目なく、載る連載です」

「すると、あの……毎週毎週、載らないことはない連載ですか?」

「そうです。毎週毎週載らないことはない連載です」

「すると、あの……結局……連載ですね」

「そうです。結局連載ということです」

いつのまにか、ぼくは中腰になっていた。

東海林さだお「ショージ君の青春記」

勇気はすべての源である

精神で打ち克つ

——勇気、からだがどんなに弱っていようとも精神で打ち克ってみせよう。二十五歳、それは男たるすべてがきまる年だ、悔いをのこしてはならぬ。

ベートーヴェン

力の息吹

——希望が逃げていっても、勇気を逃がすな。希望はしばしばわれわれをあざむくが、勇気は力の息吹である。

ブーテルヴェク

自分を馬鹿に見せる

——あえて馬鹿に見せるということは大きな知恵である。だが、そのためにはわたしにはいつも欠けていた、ある種の勇気を必要とする。

ジード

うばう

運はわれわれから富をうばうことはできても、勇気をうばうことはできない。

セネカ

反骨精神

昭和四十四年三月以降の大学卒業生は、ほとんどゲバ棒的体験の持ち主といって、まず過言ではない。ゲバ棒とは、ドイツ語のゲバルトから出た言葉で、暴力をふるう棒の意味に解されているが、私はその底にある「反抗精神」を高評価したい。自己の青春をかけて習得したゲバ棒精神である。サラリーマンになったからといって、簡単に捨ててもらいたくないと思う。

世の経営者は、学生の過激思想に恐怖感をいだいているようだが、前経団連会長の石坂泰三に言わせると、「赤いリンゴも一皮むけば白」である。学生時代、ゲバ棒をふるい、警官と衝突、世間をどんなに騒がせても、実社会にはいればそんなものは吹っとんでしまうというのである。たしかに、学生時代の暴れん坊が、入社したとたんに無気力サラリーマンと化する例は多い。しかし、ゲバ棒を破壊的にふりまわすことは否定されても、悪をにくみ、不合理を責める建設的な「反抗精神」まで失う必要はないのである。

　サラリーマンのゲバ棒は、文部省や大学総長へではなく、大蔵省、通産省、また、社長、重役、課長に向けられるものである。相手がだれであろうと、まちがっていると思ったら、ゲバ棒をふるうぐらいの勇気を捨ててはならない。

　また、もの言わぬ羊となった先輩サラリーマンも、青春時代の反骨精神を思い出してもらいたいものである。

三鬼陽之助

イヌワシのように生きたい

　できることなら、あのイヌワシのように生きてみたいと思う。イヌワシのように生きる資格のひとつとして、おれはまず第一に決して群れないことをあげたい。周囲を見まわしてみるがいい。群れている人間ばかりが眼につくじゃないか。カラス人間やスズメ人間ばかりじゃないか。ひとりでは呼吸もできない連中が、その必要もないのに、互いに軽蔑し合いながら、いたるところに群れているじゃないか。あのひどい悪臭を放つ集団は一体何んだ。とりわけ鼻もちならんのは、本来ならば最も自由な道を進まなければならないはずの芸術家たちの群。これは何なんだ。芸術家の自由な生き方とは、要するに独りでどこまでツッパレルかを実践することではないのか。そうした姿勢から強烈な個性が生れ、個性的な芸術作品が生れ、芸術の幅がぐっとひろがるのではないのか。

丸山健二「イヌワシ讃歌」

やる気の鬼になれ！

やるだけやった…

できない、もうこれでいい。やるだけやった、と言うな。これでもやり足りない、いくらやってもやり足りないと思え。一心不怠に努力すれば、努力した分だけ必ずよくなる。

大山梅雄

オトシマエ

攻撃することが生きることだ。負い目をつくらず、スジをとおして、自分なりのやり方でオトシマエをつけてきた。休むわけにはいかない。やらねばならぬことは、まだある。

矢沢永吉「成りあがり」

最後まで

お前らの気持ちはよくわかる。友軍機もこんかもわからん。だが、軍人は最後まで戦うのが務めだ。百姓がクワを持つのも、兵が銃をにぎるのも、それが務めであり、最後まで務めははたさんならんのは、同じだ。務めをはたすときは、誰でも鬼になる。
まして戦じゃけん。鬼にならんでできるものじゃなか。

中川州男（「指揮官」より）

無条件に挑みつづける

本当に生きるということは、環境に迎合したり、また安易に受け入れられ、好かれたりすることであってはならない。私はいわゆる成功はむしろ絶望に等しいと思っている。
いつでも計算を超えた無目的な闘い、いわばあらゆる対象への無条件な挑みをつづけることが人間的であり、生きがいであると信じている。

岡本太郎

体当たり

考えるより当たれ。体当たりによって生きたアイディアが生まれる。

土光敏夫

進歩

――反省し、直そうとするから改善があり、進歩がある。もし自分のやったことが正しいと思い込んだら、その人間の〝明日〟は来ない。

真藤　恒

★改善とは、常に破壊が伴うものである。自己のこれまでの価値観を見直し、反省すべき点を見つけたら躊躇《ちゅうちょ》せずに自己破壊する。そのうえで新しい考え方なり、価値観を形成していけばいいのである。一番怖いのは、自分が正しいと信じて疑わないことだ。そこには破壊もなければ創造もなく、改善など望むべくもない。凝り固まった人間に、明日はないのである。

負い目を克服する

――人はだれでも負い目を持っている。それを克服しようとして進歩するのだ。

山本五十六

執念

――自分自身の人生を、エキサイティングなものにしていかなければいけない。

人間の能力にそんなに差はない。やる気さえあれば、誰でもたいていのことはできる。
むしろ我々は常に完全なことができるんだというひとつの信念を持つことが必要だ。

中内　㓛

Ⅲ

壁にぶつかった時に読む名言

危機は男の人生の幸福な瞬間である

人の一生を言葉で表すなら、女性の生き方は起承転結であり、男性のそれは序破急ではないだろうか。

女性が四季のごとく生をおくるのに対し、男の人生は柩の蓋を閉じるまで、破と急の繰り返しである。ピンチは幾たびもおとずれる。

だが、その窮地を自分の力と才覚によって乗り切っていく。

そこに男としての誇りや喜びが生まれてくる。

男は危機によって成長するのである。

もし、君が年老いて、過去を振り返るときが来たなら、危機は自分の人生を充実させた最も幸福な瞬間であったことに気づくだろう。

己の力で壁をぶち破れ！

一人前の男になるには

人間は、特に男は、ある時自らの弱さをかまえて、死ぬほどつらい、いやむしろ死んだ方がましだと思うほどのつらさを味わうことが必ずある。人は同情をかざしていろいろいってくれても、最後は自分一人ぎりぎりの選択をしなくてはならぬ人生の時があるものだ。それに勝っても負けても、それをくぐらなくては一人前の競争者、一人前の勝負師、一人前の男にはなり得ない。

石原慎太郎

道を開く

人間は終局を思うようなことでは仕事はできん。「道はおれが開いてやる。開けるだけ開いてやる。後の始末はしてくれよ」という考えでなければ、何事もできないよ。

田中正造（城山三郎「辛酸」より）

活気

――われわれの敵はわれわれに活気をつけてくれる。

ヴァレリー

創造的姿勢

――現実という壁の前に立った時、いたずらに壁の厚さのみを測ることがないだろうか。実行する前に言い訳を考えていないだろうか。とにかく壁に体当たりしてみることだ。鋼鉄と思っていた壁が、実はボール紙製であるかもしれない。たとえ鋼鉄であっても、ダイナマイトで爆破すればよい。それが創造的姿勢というものだ。

中内　㓛

退く心なかれ

――いかに強敵重なるとも、ゆめゆめ退く心なかれ。

日蓮

★日蓮（一二二二～八二）が生まれたのは承久の乱の翌年で親鸞五十歳、道元二十三歳のときである。安房国（千葉県）の漁夫の子で、幼名は善日丸。十二歳のとき清澄山に登り、道善房を師とした。十六歳で出家し、是正房蓮長の名をあたえられた。十七歳のころ真仏教探求のため遊学の旅に出る。

まず鎌倉で念仏、禅を学び、次に比叡山に滞在、その間、園城寺、高野山、天王寺などを訪れて研究を積んだ。三十二歳のとき、《法華経》こそ最高の真理であるとの確信をつかみ、故郷にかえって、南無妙法蓮華経を唱え、大衆の前で、念仏、禅などすべて法華経に帰すべきことを宣言した。これを日蓮の開宗とする。

日蓮は《法華経》を究極の教として他経、他宗を批判したが、それはもっぱら天台教批判に基礎をおいている。《法華経》の中には真理の部門と人格の部門のほかに、末法悪世の社会における積極的な実践を説く部門がある。すなわち、各自がそれぞれの任務をおびて、この世に生まれてきた仏使であることを自覚し、現実社会の中に正法を実践していくことをすすめる個所である。

創造的主動性

仕事の上に誤りはつきものである。だれだって誤りをしないものがあろうか？しかし、問題は誤りそのものよりも、それを早く気づき、除去することにある。その意味で、仕事に創造的主導性を発揮しないで、上からの指示だけに頼るような人間が、はたしてよいといえるか。私は、他人の労力の代価で生活を享楽する権利はだれももっていないと信ずる。

このことはとくに、野戦において、自己の生命をおしまず、まっ先に祖国を防衛せねばならない軍人が自覚せねばならないことである。

グリゴリー・ジューコフ「回想録」

常に行動あるのみ

人生のエネルギー

わかるだろうか……人生には解決なんてないのだ。ただ、進んで行くエネルギーがあるばかりだ。そういうエネルギーをつくりださねばならない。解決はそのあとでくる。

サン・テクジュペリ

為せば成る

為せば成る為さねばならぬ成る業を成りぬと捨つる人のはかなき。

武田信玄

百難に撓まず

自信は成事の秘訣であるが、空想は敗事の源泉である。故に事業は必成を期し得るものを選び、一旦始めたならば百難に撓《たわ》まず勇往邁進して、必ずこれを大成しなければならぬ。

岩崎彌太郎

変化に対応する

僕はいつまでも同じレベルの中で同じ仕事のやり方をしていると嫌になってくる。絶えず新しいやり方や、新しいものに向かって挑戦していないと落ち着かない。そういう性格だから、これまでも、色々なトライを自然にやってきたんだと思う。〝時代の半歩先を行く〟なんてことは、頭で考えたってできない。やはり、体が自然に動いてしまうことが大切なんじゃないか。その動いていけるというのが〝若さ〟だ。特にいまは変化というものが、非常に加速化されているだけに、どんな分野においても、プロデューサーにとって重要なことは、この変化にすばやく対応するということだ。

村井邦彦

潜在能力

――行動だよ。何もしないで、ある日突然潜在能力はあらわれはしない。

勝沼精蔵

★文化勲章受賞者で解剖学の大家である勝沼精蔵博士は「われわれ人間には、まだまだ三分の二の潜在能力がある。それを掘り起こした者が天才であり、眠らせて終わるのが凡人だ」と説いた。それを聞いたある人が、「では潜在能力を掘り起こすには、どうしたらいいのでしょうか」と質問したときに、博士が答えた言葉である。机上の瞑想では己の眠っている才能は呼び起こせない。行動が伴って初めて潜在能力は触発される。常に新しい行動を起こすことが、眠っている残り三分の二の能力を掘り起こす唯一の手段である。

勝つ！

勝つためのアイデア

ビジネス上の競争でも、ケンカでも、やる以上は勝たなきゃならない。ところが自前のパワーを考えると、どうしても勝てないヤツってのもいる。その見きわめがポジショニング（相対的に自己をとらえるということ）だ。オレは男だ、根性だというようなやり方、そんなのはダメだ。しかし、負けそうだからやらない、というんじゃなくて、どうやれば勝つか、それを考え、勝てるアイデアや戦力を備える。

細野邦彦

勢いに乗じる

兵法に通じている者は兵の多少によらず、勢いに乗ずるものである。自分が歌を唱う声に和唱して進んで戦えば勝つ。

太田資長（道灌）（「名将言行録」より）

目前の一戦に勝つ

信玄の兵法に、のちの勝を大切にするのは、国を多くとりたいという気持からである。自分は国を取る考えはなく、のちの勝も考えない。さしあたっての一戦に勝つことを心掛けている。

上杉輝虎（謙信）（「名将言行録」より）

勝利は輝しい

闘争がきびしければ、勝利はそれだけ輝しいのだ。

ペーン

勝負は時の運

およそ勝負は時の運によるもので、計画して勝てるものではない。功名は武士の本意とはいっても、そのあり方によるものだ。いまのその方の功名は軽率な働きである。一方の大将となろうとするものは、そのような功名を願ってはならぬ。身の危いのをかえりみないのは、それほど手柄ということはできない。今後は、この心を忘れるな。

織田信長（「名将言行録」より）

リスクに賭けよ！

虎穴に入る

虎穴に入らずんば虎子を得ず。

班超

神も仏もあるものか

とっくみあいの喧嘩をしても負けないのが禅だ。地獄へ行っても、鬼どもを投げ飛ばして、家来にしてこき使うのが禅である。神も仏もあるものか。勝手気儘《きまま》に、やりたい放題のことをして、戦って戦いぬいて、悔いのない一生を過ごすんだ、という意気に燃えるのが禅である。

菅原義道「死んでもともと」

皮を切らせて肉を断つ

剣の道はふかい、精神を統一せぬかぎり勝負は負ける。中段にかまえたら、じっと相手の身体全体を見つめて、間合を測る。心を集中させていくと相手の心の中が読める。跳び込むときは、自分が切られることを怖れてはいけない。たとえ皮を切らせても、相手の肉を切ればこちらが勝ちだ。その一瞬の皮膜のあいだに勝負を賭けよ。

高野佐三郎

★〝明治以後の剣聖〟といわれた小野派一刀流の剣客・高野佐三郎。若いとき〝鬼岡田〟に負け、天狗の鼻をへし折られてから、心機一転、山岡鉄舟門へ入り、修業のやり直しをした。そこで、剣の心が単に〝争い〟だけでなく、それを超えた思想の武道であることを悟ったのである。

危険が情熱を持続させる

「情熱を持続するには危険が必要なんだ。ちょうど恋愛の情熱がさめるのは安定した時であるのと同じように、人生の情熱が色あせるのも危険が失せた時だよ。革命はまだ危険という油を俺たちの情熱にそそいでくれる」

遠藤周作「ただいま浪人」

君の人生に何かを残すために

人生はしばしば長い航海にたとえられる。

ときには嵐に見まわれ、暗礁に乗りあげることもある。

だが、挫折を知り、敗北を味わった者が、苦しみのどん底から立ち直ったとき、自分の本当の航路を見つけることができる。

大きな嵐を経験したものは、嵐の恐ろしさを知るとともに、それを乗り切る術も身につけるのだ。

羅針盤に代わる強靭な精神力を得ることができるのだ。

君の一生が順風満帆のままで終わるなら、君は自分の人生に何も得られず、何も残すことができない。

倒れるごとに起き上がれ！

七転八起

わたしの最大の光栄は、一度も失敗しないことではなく、倒れるごとに起きるところにある。

ゴールドスミス

煮られても、踏まれても……

煮られても、踏まれても、裂かれても、これがおれだというもの、それは一体なんだ。何があってもそれがなければ満たされず、何が欠けてもそれがあれば満たされるもの、それは一体なんだ。

むのたけじ「たいまつ」

苦悩の経験

これまでに激しい苦悩も味わわず、自我の大きな劣敗を経験しなかった、いわゆる打ちくだかれたことのない人間は何の役にも立たない。

ヒルティ

失敗は成功の土台である

私の現在が成功というなら、私の過去はみんな失敗が土台づくりしていることにある。仕事は全部失敗の連続である。

本田宗一郎

★人間は誰でも大人に成長していく過程の中で、両親や先生、一般の大人に対しての尊敬や信頼の気持がくずれていく偶像破壊に出合って、やけになることがある。これなどもヒルティのいう〝苦悩〟に入るだろう。

フランスの小説家で、心理小説の中で世界最高の傑作といわれる『失われた時を求めて』を書いたマルセル・プルーストは、「人は苦悩を征服することによってのみ苦悩を忘れる」といった。

人間は生きていくうえで、程度の差はあるけれど、誰でも〝苦悩〟にさいなまれる。プルーストのこの言葉は、「苦悩は自ら苦悩と戦い、これを征服することによってのみ忘れることができる。それ以外のどんな方法を用いても苦悩からのがれることはできない」という意味である。

「苦悩は征服するしかない」と腹をくくってかかる沈着さが、必要だといえよう。

失うことを恐れるな

失うことを恐れるあまり必要な物を手に入れることも断念するという人は、理屈にも合わないし、卑怯である。

プルターク「プルターク英雄伝」

アフターケア

成功は次の成功への呼び水とせよ。失敗は次の成功への足がかりとせよ。

この二つの相反する格言は、アフターケアのたいせつさを指摘している点で、共通の真理なのである。

土光敏夫「経営の行動指針」

困難にあって力を出す

困難なことは頭からするな。非常に成功のじゃまになる——という人がある。しかし、決してそうではない。人間というものは、困難なことにあえばあうほど、ますます新しい力が出てくるものだ。

ワナメーカー

運命と人生を決する時

一人の人間にはその運命と人生とを決するような時が生涯、一度は必ずあるものであり、それを乗り切った瞬間、彼の未来は全面的に変わるものだ。

遠藤周作「埋もれた古城」

耐えることの尊さを知れ！

抗戦し自衛せよ

青年時代には、不満はあっても悲観してはならない。つねに抗戦し、かつ自衛せよ。もしいばらにして、踏まねばならぬものなら、もとより踏むのもよいが、踏まずにすむものなら、みだりに踏むべきではない。

魯迅

粘りぬけ

粘って粘りぬく、そうすれば、いつかは曙光が見えてくるものと、私は確信しています。

金森政雄（三菱重工社長）

★日本人は昔から潔いことを美徳として、粘着質の人間を蔑視する傾向がある。だが、大成した人物をみると、そのほとんどが粘り強い性格を持っている。困難にぶつかってもあきらめず、とことんまで取り組んで解決を見い出す人間である。粘り強さは、企業のトップに立つ経営者にとって、現代では特に欠かせない資質である。

死ぬなんて勿体ない

「なんだい、死んじまう？　冗談いっちゃいけねえ、勿体《もってい》ねえことを言っちゃァいけねえ、え？　錦木さん、死んでどうするんだい、死んで。死んで花実《はなみ》が咲くもんじゃァないよ、人は生きてればこそ、ねェ、くやしいも悲しいも、つらいもおもしろいも、これ、生きてればこそだ、そうだろう？　冗談いっちゃァいけねえ、勿体ねえ、とんでもねえ話だ、なァ。人てえものはねえ、悪いことばかりはそう続くもんじゃァないよ、悪いこともありゃァ、いいこともある。またいいことがありゃ悪いこともある、ね？　しっかりしなくっちゃいけねえ、な？　こぼすことァねェ、まァ、お前も俺もこうやって同じ長屋にいて貧乏してるが、どう運が向いてきて、出世しねえともかぎらねえ、なァ。人てェやつァ七転び八起きてえことがある。な？　しっかりしろよ」

落語「三味線栗毛」

いかに耐えたか

重要なことはなにを耐えしのんだかということではなく、いかに耐えしのんだかということだ。

セネカ

誠意が届く

いくら訪問しても、先方が留守で会えぬことがある。わしは留守なほどよいと思う。四度も五度も留守で、やっと六、七度目に会えたというようなときは、たいがいの頼みごとは、先方がこころよく承知してくれる。こちらの誠意が、会わぬさきから先方に届いていているからだ。

伊庭貞剛（「男からみた男の魅力」より）

苦しみに耐える勇気

苦しみに耐えることは、死ぬよりも勇気がいる。

ナポレオン

征服するために

征服せんがために屈する。

ウィリアム・クーパー

★野心を持つ者が力において他に勝るのは当然であるが、力にのみ頼っていたのでは戦いに勝ちつづけるのは困難である。ときには己より力の強い敵に会い、辛酸をなめることもある。だが、その場は屈しても、野心を失わぬ限り、いつかその敵を倒す機会がやってくる。幼少時に人質であった徳川家康は、長じても信長、秀吉に辞をひくくし、じっと機会を待って天下平定の覇を成し遂げた。

忍耐の実は甘い

君の心の庭に忍耐を植えよ、その根は苦くともその実は甘い。

オースティン

怒りは身を滅ぼす

何事につけても、つねに堪忍の二字を忘れてはならぬ。昔の物語にも、「韓信という人は、初め家が貧しく、少年の頃に、他人から股の下をくぐらせられたりなどして、はずかしめを受けたが、よく堪忍して、ついには漢の大将軍となって成功した」ということが伝えられているし、また、「一時の怒りのために身を滅ぼす」というような例もあるのである。

武田信繁の家訓

どん底で耐える

おれは底まで落ちたが。とにかくそれに耐えてきた。これからは上へ行くだけだ。

D・カーネギー「道は開ける」

艱難の山を登れ

結局、真の知識を得ようと望むものは、だれでも「艱難《かんなん》の山」をひとりで登らなければならず、頂上への王道がない以上、私は曲りくねりながらも登らねばならぬことに気づいたのです。

ヘレン・ケラー「わたしの生涯」

運命の肩をたたけ

諸君が指揮官になった時、部下に死を与えることをちゅうちょしてはならない。死とは、ただ、人間がこの世に入ってきたドアから、また出ていくだけだ。誰も、自分がどのドアからはいってきたかは知らず、それに文句をいう者もいない。

われわれの運命は定まっている。しかし、その運命に従うには、それを知らねばならない。そして、知るためには知ろうとせねばならない。努力が必要だ。一度や二度、運命の肩をたたいても、あるいは、忙しい、あとにしてくれ、といわれるかもしれないが、根気よく袖をひけばわかるものだ。

ジョージ・パットン（「指揮官」より）

我慢すれば好転する

現在われわれは悪い時期を通過している。事態はよくなるまでに、おそらく現在より悪くなるだろう。しかしわれわれが忍耐し、我慢しさえすれば、やがてよくなることを、わたしはまったく疑わない。

チャーチル

★二十世紀を代表する大物政治家チャーチル。彼は一八九九年（二十五歳のとき）、保守党の公認で下院の補欠選挙に立候補、落選している。しかし、このとき当選していたら、彼の名を一躍有名にした事件は起こらなかったであろう。

一八九九年十月、イギリスが南アフリカのボーア人に対する侵略戦争を始めたとき、チャーチルは従軍記者となった。そのとき、ボーア人のゲリラにおそわれ、彼は捕虜となってしまった。しかし十二月中頃、脱出、それから十数日の逃避行の末、本国へ帰還したのである。

このときの体験が、彼に忍耐を教えたのであろう。耐えることをして初めて、希望が見えてくるのである。

チャーチルの自伝の中には、次の有名な言葉もある――「戦争では決意、敗北では挑戦、勝利では雅量。平和では善意」。

楽しんで走れ

マラソンは苦しんで走ってはならない。楽しんで走るものだ。

中村　清

屈辱感に耐える

今の若い世代にもっとも欠けているのは「屈辱感に耐える」訓練である。この訓練が行われないで、そのまま社会から大人あつかいにされると、おのれのすること、なすことはすべて正しいと思うようになる。

遠藤周作「勇気ある言葉」

忍耐こそすべて

およそ芸術家であることは、計量したり数えたりしないということです。その樹液の流れを無理に追い立てることなく、春の嵐の中に悠々と立って、そのあとに夏がくるかどうかなどという危惧《きぐ》をいだくことのない樹木のように成熟すること。結局夏はくるのです。

だが夏は、永遠が何の憂えもなく、静かにひろびろと眼前に横たわっているかのように待つ辛抱強い者にのみくるのです。

私はこれを日ごとに学んでいます、苦痛のもとに学んでいます、そしてそれに感謝しています。忍耐こそすべてです。

リルケからフランツ・クサーファー・カプス宛の手紙「若き詩人の手紙」

苦しみが君を大きくする

苦労を師とする

若いときに、にがい水を飲まなかったやつは、ひだちが悪いよ。おれは「苦労」をおれの「先生」だと思っているんだ。人間「苦労」にしこまれないと、すぐいい気になっちまう。

山本有三

災難は試金石

災難は人間の真の試金石である。

フレッチャー

青春時代の愚かさ

青春時代にさまざまな愚かさをもたなかった人間は、中年になってなんらの力をも、もたないだろう。

モルチモアー・コリンズ

苦難の時に動揺するな

――苦難の時に動揺しないこと。これは真に賞讃すべき卓越した人物の証拠である。

ベートーヴェン

不運は偉大なる教師

――好運は偉大な教師である。不運はそれ以上に偉大な教師である。

ハズリット

★人生の成功と運、不運はまことに面白いからまり合いを見せる。好運に乗ってトントンと成功する人、一方、不運をバネに人生を成功へと導く人もいる。

ドイツが生んだ大音楽家、ベートーヴェンもその一人だ。少年の頃から天才ピアニストと注目されていたものの、家庭的には早くに母を亡くし、父が酒に溺れるようになったため弟たちの養育の重荷も背負った。また、仕事に油の乗っている三十代から耳の病いに悩まされ始めた。作曲家にとって耳が悪いということは致命的である。自殺を考え、遺書まで書いたほどである。

しかし彼はこの不運を偉大な教師とした。彼は苦悩を克服するため、その後猛烈な創作活動にうちこんだ。その代表作の多くはこの時期に書かれている。不運は飛躍のバネになる。

敵もまた苦しんでいる

自分が苦しい時は、ライバルもまた苦しいのです。そう思うと、いたずらに苦しんで走ることの無意味さがわかります。自然のまま、静かに走ることで、闘志の燃焼をさらに深められるようになったのです。

瀬古利彦

大欲を持つ

俺たちは、生まれながらに偉いのではない。全力でぶつかり、失敗し、それでも立ちあがって、また失敗し、やっと何かをつかんだかと思ったら、虚しくも朝の露。しかし、まだまだだくたばらない。俺には、欲があるんだ、夢があるんだと、向かっていく。そうして、ちっぽけながらも、自分だけができる何かをつかんできた。

最初から、我、我を欲せずなどという悟りをひらく男はいない。私は、若くして、そのように言い、行動する若者に、不信感を覚える。なぜ、己れの体で知る前に、そのように思い込むのだ、と。

私は、プロレス修業時代、誰れよりも大きな欲を持とうと思い、練習した。だから、つらいことにも耐えられた。苦が苦ではなかった。そして、プロレスラ

――を決して、派手な仕事だとは思わなかった。

それは、外見は派手でも、地味な、文字どおり汗と血だらけの練習に明けくれたからで、少しも楽に生きようなどと考えてはいなかったからである。

アントニオ猪木

自分を見つめるもう一人の自分

人間は他人のことはよく見えるものだが、自分自身のこととなると信じられないほどに見えなくなる。

とくに、危機に直面した者は目の前の対象しか見えず、そのすぐ横に脱け道があることにも気づかぬことが多い。

身も心も硬くなってしまい、自分に降りかかった災難の本質が見抜けないのだ。

そんなときには、自分を見つめるもう一人の自分を作ることだ。

深刻に悩んでいる自分を見つめる別の自分。

そう考えれば、危機にある自分の姿が客観的に見えてくる。

そこから新しい解決法が生まれてくる。

楽天家になって波を乗り切れ！

すさまじき楽天主義

楽天主義というと人はすぐ、いいかげんとか、気楽さとか、人のよさとか、うすのろとか連想するらしいが、楽天主義とは、すさまじきものである。

殺されたって、人を信じ通すという人生観を変えないのだ。

人間はすばらしい。自然はすばらしい。生まれてくるってことはすばらしい。死ぬってこともすばらしい。病気になるってのもすばらしい、という風に、徹底的に信じ通すのだ。肯定、肯定、絶対肯定してゆくのだ。

紀野一義「法華経を読む」

楽天主義

俺《おれ》は、その日のことはその日で忘れる主義だ。その日に決断のつかないことを、思い悩んであすまで持ち越すようだと、あすの戦争は負けだ。一日の労苦を忘れるには、坊主とか芸者の浮世ばなれしたばか話を聞き、ぐっすり寝て仕事を忘れるにかぎる。翌朝は頭が爽快で、また新しい構想が浮かぶのだ。

五島慶太（「決断力」より）

ゆうゆうと進もう

人生は完全ではないが、ピアノや、ヴァイオリンより不完全な楽器とは思わない。人生の曲をなりひびかせれば、死も征服でき、永遠歓喜の世界の門を開いて、中にとっとと入る力がないとは云えない。しかし急いで死ぬ必要もないから、生きているので、死が怖くって生きているのではない。人生は面白い、人間の精神は無限大だ、美の世界は広大無辺だ。君はそうは思わないか。死何ものぞ、笑って進もう、男子らしく勇ましく進もう。女子らしく愛らしく進もう。人生讃美の曲をなりひびかせて、この短い人生をゆうゆうと進んで行こう。

武者小路実篤「勇気を燃やす言葉」

＊　＊

流れにまかせる

われわれが第一に戦わねばならぬやっかいな敵は、われわれの内部にある。

――流れに逆らおうとしたところで無駄なことだ。流れのままになっておれば、どんな弱い人でも港に流れつくものだ。

セルバンテス

悩みは笑いで吹き飛ばせ

――この問題の焦点は、物事をつきつめて考え過ぎないことだ。くだらない悩みは笑いで吹っ飛ばそう。笑って悩みを追っ払うことは決して不可能ではない。

D・カーネギー「道は開ける」

生き甲斐

――くらげにだって生き甲斐がある。

映画「ライムライト」より

時間が解決する

――時間が多くのことを解決してくれる。あなたの今日の悩みも解決してくれるに違いない。

D・カーネギー「道は開ける」

宇宙の奇蹟

宇宙の何よりも貴い生きるという奇蹟を消してはいけない。星に何ができる。ただ空をめぐっているだけだ。

映画「ライムライト」より

魂の力

「失うことは、即ち得ること」という楽天的な言葉が好きです。多くのものを失ってしまい、あらゆる苦難を経ながらも、安楽な生活を求めることもせず絶望することもなく生きてゆく人びと、常に淡々とした人びとはこうした道理をよく理解する人びとでしょう。

人間が経験する苦難というものは、その人間が苦難の重みにひしがれて卑屈になったり卑怯になったり野卑になったり貪欲になったりしないだけの〈魂の力〉を持ってさえいれば、この上なく立派な人生の師なのです。そして〈魂の力〉はそうした数かずの苦難を克服するたびごとにぐんぐんと成長して、再び次に来る苦難と対決します。

人間の生の価値とは、自己のあらゆる〈魂の力〉を高揚させ、より偉大な〈魂の力〉を獲得するためのたたかいの中から、苦難のまっただ中でのたたかいからこそ、得られるものと信じます。

徐俊植が母へ宛てた手紙「徐兄弟獄中からの手紙」

発想を変えて逆境を乗り越えろ！

野次馬精神

——物を知らない、関心の幅のせまい、おそろしく勝気な記者であったが、私の、もしただ一ついいところがあったとすれば、素直ということだった。知らないことに対し、私は知ったかぶりをしたことはなかった。そして、そのことに関しての第一級の本を捜し出し、すぐ、とっくんでいった。裁判所のことで注意されれば、直接記事には関係はないのだが、「裁判所構成法」とか「刑事訴訟法」とかいう本を借りて勉強した。

自然科学のことについて注意されれば、すぐ基礎的な一般書を買い求めて読んだ。(中略)旺盛な野次馬精神——好奇心こそ、ジャーナリストのある意味では、最大の資格かも知れない。つまり、ジャーナリストは、いつもアマとプロの間におれ、ということでもあろうか。

「初心一生」

という言葉があるが、われわれの場合、初心とは、新鮮なオドロキということになるのかも知れない。
とにかく、こうして私は、いままでまがりなりにもジャーナリストを続けて来れた。数えてみたらかれこれ、満三十数年になっている。ずいぶんと危いことばかりだった。朝日にいた時は、辞表も三、四回出した。しかしいつも失敗し、くさり、ガッカリしているときに、いい先輩、いい同僚がいて、慰め、元気づけてくれた。私が、今日までなんとかやってこられたのは、それらの人たちのおかげだと思っている。だから、自分は若い人たちにたいし、いい先輩たろうと心がけている。

扇谷正造

泉を掘る

己れの立てるところを深く掘れ、そこには必ず泉あらむ。

高山樗牛

窮すれば通ず

人間窮すれば通ずるものだ。手が使えなければ足を使う。足が使えなければかみついても試合はできる。

力道山光浩

雑念をはらえ

――心虚なればすなわち性現わる……。

(雑念をはらい、無欲でコトに臨め)

孫子

眼をとじて見る

――眼をとじよ。そしたらお前は見えるだろう。

サムエル・バトラー

患をもって利となす

――軍争の難きは、迂をもって直となし、患をもって利となすなり。

(急がば回れ、臨機応変に対処せよ)

孫子

★孫子は、両軍が相対して利を争う「軍争」、われわれにとってのビジネスが一番むずかしいといっている。烏合の衆ではなく、全員が団結して、和の精神で行動することが、企業の繁栄につながる。

ビジネスも急がば回れである。商戦のむずかしいところは、回り道のようなやり方でも、かえって近道のような効果があがることもあり、こちらに禍と思えることでも、転じて有利になることもある。

有名な武田信玄の軍旗の「風林火山（ゆえにその疾《はや》きこと風の如く、その徐《しず》かなること林の如く、侵掠すること火の如く、動かざること山の如く、知り難きこと陰の如く、動くこと雷の震うが如し）」の原典は、この孫子の言葉による。

攻撃移動は風のように早く、待機する場合には林のように静かに、攻撃するときは火のように勢いよく攻め、また、いかなる危難にも山のように落ち着いて動ぜず、ひそんでは陰のごとく、動いては雷のように威をふるえ、という意味をよくかみしめて、臨機応変に対処することが大切である。

本質を見抜く目

自我の本質

あらゆるものに自我がないとすると、自分というものもなくなってしまう。自分の自我だけはなんとしてでも認めたいという気持が働いてくるのが人間というものだろう。それを抑えて、やはり自我というべきものはないというのがほんとうだと認めるわけである。自分について、自分を生かしているものについての内省が深くなるにつれてそういう境地になる。いろんなものに生かされているということが分かる。夫に生かされ、妻に生かされ、親に生かされ、子に生かされ、ありとあらゆるものの力に生かされていること、究極的には永遠なるものに生かされている、仏さまに生かされていると認めざるを得なくなる。それが「さとり」であり、それが救われていることであり、それが「仏ひとつ」という世界なのである。

生き死にのくり返しである「輪廻《りんね》」が断ち切られる。迷いというものが断ち切られる。生死輪廻の元であった「怨み」「敵意」「怨念」というものがなくなってしまう。人間は死ぬ時に「死んでも死に切れない」という怨念があるから、再び輪廻するのである。死ぬ時は淡々と、己れを生かしてくれていたものすべてに感謝して死ななくてはならない。

紀野一義「法華経を読む」

因果の道理

楽しい折に際会しても、わびしい折に際会しても、無常の心持ちというものを忘れてはなりませぬ。それについて、いかにして楽しくなったか、何ゆえにわびしいかなどと、因果の道理を考えて見るがよい。生死の常ならざることを思い定めておくがよい。

北条重時の家訓

Ⅳ

情熱を燃やす

名言

男は一瞬に賭ける

人生には何度か「大いなる決断」を求められるときがある。右か左か、乗るかそるか、二つに一つ。その選択がその後の人生を支配することも多い。決断は一瞬の勝負である。

長い間迷い続けてきたものでも、意を決するのは瞬間的な行動だ。つまり男は一瞬に賭ける瞬発力がなくてはならない。瞬間的に爆発するようなパワーを、常に身に秘めておく必要がある。

人生は一度しかない。そして、いまこの瞬間も二度と繰り返せない。我々は限りある生命の中で生きている。今日という日が、明日もあるという安易な生き方をしてはならない。瞬間に賭ける力は、一瞬を精一杯生きようとする力の集積にほかならない。

二度とないこの瞬間に燃え尽くせ！

今日という日のねうち

――今日という一日は、明日という日二日分のねうちをもっている。

フランクリン

勝利の秘訣

――寸陰を利用すること。それがいかなる戦いにも勝利を得る秘訣である。

ガーフィールド

明日まで延ばすな

――明日の朝にしようなどと言ってはならぬ。朝が仕事を仕上げて持ってきてくれるわけではない。

クリソストムス

自分の時間を増やせ

――いちばんいそがしい人間が、いちばんたくさん時間を持つ。

アレクサンドル・ビネ

一度しかない青春

白日空しく過ぎるなかれ。青春再び来たらず。

史記・司馬遷

日々大晦日

正月暁天より、その歳の大晦日と心得ること。

徳川家康（「男の決断行動学」より）

今日でさえ遅い

明日は何とかなると思う馬鹿者。今日でさえ遅過ぎるのだ。賢者はもう、今日済ましている。

クーリー

ただ一度の人生

ただ一度の人生。その限りある生命の空間を飾って一点に全力を傾注することに、美しさに似たものをおぼえる。

流通業に身を置く経営者として、なにはさておいても流通の近代化と取り組んでいくのが、私にとっての永遠のテーマである。命ある限り、全力投球を続けたい。

中内　功

二十年後の自分を考える

おれの現在は、二十年後のことを考えて、はじめてあるのだ。ところが、おまえたちは、せいぜい二、三日後のことしか考えていない。

松永安左ェ門（柳田邦男「大いなる決断」より）

このあと私は死ぬのだ

人間が生きるということはどういうことかといつも考える。すると死ぬことだということに帰着する。死ぬとわかれば今日この一日を十分に生きねば損だと思う。それでキザないいかただが、講演するときもこのあと私はきっと死ぬのだと自分にいいきかせることにしている。するとその講演に命をかける。二時間がまるで二十分ぐらいの勢いでしゃべってしまう。講演のあとは汗でびっしょりだ。けれども不思議なことにこのほうが疲れない。思いっきりやったという私だけの満足感が疲れを忘れさせる。

淀川長治「愉快な心になる本」

月月火水木金金

土曜・日曜・祭日が、年にどれくらいあるか知っていますか。実に百二十日もあるんだな、これが。三年たつと、まる一年分になる。ビジネスは勝つか負けるか、ただそれだけです。遊んだら負け。月月火水木金金、働かにゃ、損します。

小林茂（秀和社長）

一日といえども

一日といえども、空しくすごしてはならぬ。少壮の年に学ばなかったならば、老大にして後悔しても追いつかぬ。

島津綱貴の家訓

男が決断するとき

ためらってはいけない

――乗りかけた舟には、ためらわずに乗ってしまえ。

ツルゲーネフ

一度決心したことは

――決断――なすべきことをなそうと決心せよ。いったん決心したことはかならず実行にうつせ。

フランクリン

生涯に一度は

――男には、生涯に一度は決断、発奮するときがあるんだ。

小林　繁

★この言葉は、巨人軍の江川選手と交換で、阪神タイガースへ移籍した小林繁投手が、その直後の雑誌インタビューで言ったものである。口惜しさを心に秘め、新しい球団でやり抜くぞ、という決意にあふれた男らしい言葉ではないか。のんべんだらりとした日を送り、いっこうに発奮しない人は一生かかっても進歩することはない。男なら一度は発奮して、回りの人に意地を見せたいものである。

目的を見失わない決心

決断とは、目的を見失わない決心の維持にほかならない。

ドワイト・D・アイゼンハワー（「指揮官」より）

波高い大海に

私の住んでいる所は荒海の小さな岩のようなものだ。私は再びこの岩を離れ、波高い大海に泳ぎ出さなくてはならない。

ペスタロッチ

目をあけて考えろ！

ねむるなら目をつぶりなさい。考えるなら目をあけなさい。目をつぶって考える中身は大概くだらない。決断にむかって思考するとき、目は必ず見ひらかれて輝いている。

むのたけじ「たいまつ」

常にベストを尽くせ！

仕事も楽しめば楽園

――仕事が楽しみならば人生は楽園だ！　仕事が義務ならば人生は地獄だ！

ゴーリキー

プレイも命がけで

――われわれの世代は、〝働く〟の反対語は〝休む〟である。ワークの反対はレスト、これでは創造的ではない。ワークの反対はプレイ。そして、この二つが両立してこそ、新しい文化が花開く。ワークを一生懸命やれば、プレイも命がけでする。それが、若者ではないか。

中内　㓛

老後なき人生

――私には、もう老後というものは、あるまい。

土光敏夫

★昭和四十年五月、石川島播磨重工業会長だった土光敏夫は東芝の再建を依頼され、同社の社長に就任した。この言葉は社長就任直後に彼が漏らした独白である。石川島工業の再建を成し遂げ、播磨造船との合併を実現させた土光は、田口連三に社長の座を譲り、会長に退いた。そして「老後は自分が設立したイシブラス造船所のあるブラジルで農業をやる」ことを考えていた。しかし、東芝の再建成った後、土光は石坂泰三らに強く推されて四十九年五月に経団連会長に就任した。そして、経団連から開放されたと思う間もなく、五十六年には第二次臨時行政調査会会長へ。政・財界はあくまでも彼を離そうとはしなかった、彼にとって老後というのは本当になかったのではあるまいか。

チャンスはすぐに逃げてしまう

自分からアクションを起こさず「もうちょっと様子をみてから……」と考えているうちに、チャンスの女神は手のとどかないところへ行っている。もう、どうしようもなくなって、「運を天にまかす」ということになるのだが、それは追いつめられた状態だ。チャンスはとうに失い、ピンチをのがれられるかどうかだけの問題になってしまう。

竹村健一「素人だからやりなさい」

怠け者に「万歳」はない

青年のくせにぐうたらだったり、怠けることを考えたり、快楽に溺れて平気でいたりする者は、理想を持たない、現実の敗北者である。そんな人に万歳は云えない。

武者小路実篤「勇気を燃やす言葉」

貧乏に負けそうなとき

若いうちにうんと貧乏を味わいなさい。そして苦しみなさい。悩みなさい。壁にぶつかり、壁をつき破り、また苦しみ悩みたまえ。そして、その貧乏と辛抱に勝ちぬいて生きることが、やがてはそのひとの人柄をよりよくするものだ。

伴　淳三郎「私をささえた一言」

乱世を戦い抜く

勝利の味を一度味わうがいい。額に汗して培《つちか》った力を出し切り、勝利の喜びを経験してみるといい。戦うこと、勝利することの素晴らしさを肌で知ることだ。

この世界を乱世と見るか、平穏無事な無風社会と見るかは、その人の意志による。乱世と知り、戦場に出て勝利に向けて進むか、何もせず社会の荒波を避けて暮らすか、どちらも人生だ。

ただ、たとえドン・キホーテのように荒唐無稽な標的に剣を向ける人生であっても、何もしない人生より、エキサイティングであることは確かだ。はるかに魅力的でもある。魅力ある人生を生きるほうが面白い。

勝利の味はさらに甘い。

敗北を恐れるな、勝利のみ考えよ！

命をささげる覚悟

人民が自覚し、その命をささげる覚悟があるとき、攻めてくる敵がいかに数の上でまさっていようとも、人民は必ず勝つものだ。

ナセル

我れに勝つ

勝つということは味方に勝つ事である。味方に勝つというのは我れに勝つ事だ。我れに勝つというのは気を以って体に勝つ事である。

源　義経（「武将の一言」より）

抑えられたら反撃する

みんなが〝打倒中野〟を掲げているのですから、激しい戦いになるのは覚悟の上です。ぼくはいつも、抑えられたら反撃することを念頭に置いてペダルを踏んでいます。もちろんマクリに失敗することもある。しかし、それを恐れていては、この世界では生きられません。バンクに出たときは、別人のように燃えることができる

——んですよ。

中野浩一

それぞれの持ち場

——「管理野球」とか「組織野球」とか、ワシは考えとうもない、どこが近代調なのか知らんが、選手が〝チームワーク〟なんてものをいちいち考えとったら、野球なんぞできん。そんなことは上の人が考えればいいことで、ワシら選手はそれぞれの持ち場の責任を全《まつと》うすることが仕事やし、第一だ。

江夏 豊「流浪のサウスポー」

やらにゃいかん

——「男っていうもんは、酬《むく》われるために、何かをやるんじゃない。やらにゃア、いかんから、やるんで…」

遠藤周作「灯のうるむ頃」

乱世を生きる

敵を知り己を知る

一 敵を知り、己を知れば、百戦危うからず

孫子

乱世に浮かび上がる人間

創業者は常に乱世に輩出する。乱世では組織とか機構とかいう、表面的な問題は、無視され、人間の魅力とか、迫力とかが一番ものをいう。それだけに乱世ほど、人間像がくっきりうかびあがる時代はないし、善にも悪にも、きわめて個性の強い独立不羈《ふき》の人物が続々と生まれでてくる。

伊藤 肇

盛衰は天然のこと

盛衰を以て、人の善悪は沙汰《さた》されぬ事なり。盛衰は天然の事なり。善悪は人の道なり。教訓の為には盛衰を以て云ふなり。

葉隠聞書（「ビジネス葉隠」より）

千変万化の戦場

戦場は千変万化にて、かねて定めたる事の違《たが》うたることあるものなれば……。（戦場は千変万化だから、あらかじめきめたことがちがってくるのは当然と覚悟するがいい）

馬場信春（「男の決断行動学」より）

わが道を行け

戦場に出でては、わが思う様にして、人の言うことを聞き入れぬがよし。

前田利家

天下に及ぶ人間たれ

天下になくてはならぬ人となるか、有てはならぬ人となれ。沈香もたけ屁もこけ。牛羊となって人の血や肉に化して仕舞ふか、豺狼と為って人類の血や肉を啖ひ尽すかどちらかになれ。

人間といふものは、棺桶の中へ入れられて、上から蓋をされ、釘を打たれ、土の中へ埋められて、夫からの心でなければ何の役にも立たぬ。

河井継之助（「武将名言100話」より）

★長岡藩家老河井継之助は、慶応四年（一八六八）の正月に始まった一連の戊辰戦争の中で自藩を勤皇にも佐幕にも属さない独立したものにさせようと奔走した人間である。二者択一の時代の中で、極めて異質な選択をした数少ない一人であった。

「八十里こしぬけ武士の越す峠」

長岡藩をめぐる北越戦争で、河井はそんな自嘲の一句を残して戦いに倒れたが、乱世の時代に立ち向かった彼の人生哲学は山本五十六を始めとして数多くの人間に影響を与えた。〝こしくだけ〟と自嘲しながらも、自己の信念を守り通した河井に、学べきことは数多い。

強い者が勝つ

恩人もくそもあるものか、この世は強い者が勝ちだ。

斉藤道三（早乙女貢「風雲児烈伝」より）

考えてみれば頼芸は十数年に及ぶ歳月を、この「蝮《まむし》」のような男の爪を研がせ、牙を磨かせて、おのれの死刑執行人たる準備をさせてきたようなものだった。一片の良心があれば、これほどお人よしの頼芸を殺すことは、多少の咎《とが》めを感じるはずであった。だが、

「強いものが天下を支配する、これが乱世の道徳じゃ」

そう信じて疑わない斉藤山城守道三にしてみれば、これが最後の決断といってよかったのだ。ここで逡巡《しゅんじゅん》することは、これまで昇りつめてきた階段の最後の一歩を踏みはずすことになる。

「九仞《きゅうじん》の功を一簣《き》に虧《か》くか。はははは、馬鹿な」

頼芸を殺して、美濃を完全に掌握してこそこれまでの行動が、はじめて意味を持ってくるのだ。斉藤山城守道三は、決断した。天文十一（一五四二）年五月二日、一万余の軍勢を突如動員して、頼芸の居城へどっと攻め寄せたのである。

斉藤道三（早乙女貢「風雲児列伝」より）

弱々しき体を見せず

大事の合戦之時、又は大義なるのき口などの時、大将之心持見んために、士卒をして種々にためすものに候。聊《いささか》も弱々敷体《よわよわしきてい》を見せず、詞《ことば》にも出すべからず。気遣《きづかい》油断有間敷《あるまじく》候事。（大事な合戦や困難な退却というような時、敵は、こちらの大将のスケールを知ろうとして、士卒に種々テストを働きかけてくる。だから、ちょっとでも弱々しいさまは、態度にもことばにも出してはならない。この点に留意し、決して油断あってはならない）

朝倉教景（「男の決断行動学」より）

枝葉のことばかり

合戦談を聞く場合、大ていな者が大事なことは問わず、枝葉のことばかり聞きたがる。誰が手柄を立てたとか、誰を討取ったとか、そんなことばかりを聞きたがる。一人武者の手柄話を聞いたとて、何の役に立とう。部隊の駆引き、戦さの変化などを主眼にして聞いてこそ、合戦談も役に立つのだ。

竹中半兵衛（「武将列伝」より）

努力せよ、それが勝利を導く

功をあせるな

一人前になるには五十年はかかるんだ。功をあせるな。悲観するな。もっと根を深く張るんだ。根を深く張れ——。

升田幸三（「私をささえた一言」より）

努力する鈍才

ひっきょう、努力しない天才よりも、努力する鈍才のほうがよけいに仕事をするだろう。

ジョン・アヴェブリー

一歩一歩の前進

道のりは遠くとも、目標に向かって歩めば、一歩一歩近付くことだけは確かだ。

西本幸雄

★リーダー中のリーダーとして、野球界だけでなく各方面から支持されていた西本幸雄元近鉄監督だが、その叱り方は徹底していた。

「みんなで勝つことが、みんなの幸せにつながるんだということを植えつけるために」全員の前でミスプレーした選手を叱る。「強くなるためには、おまえらがシャンとしなければならぬ。そのためには、いまの行為を許せない」と鉄拳をふるう。

しかし、彼の鉄拳は、本当に相手のことを思っての行為であり、その心が選手たちにも通じるからこそ、選手もがんばるのである。

練習につぐ練習こそが、勝つ方法であるとの信条を貫き通した西本元監督。現代に失われつつある信念を持っていた数少ない一人であろう。

ひたすら前に進め！

いつも前進があるだけだった。失敗したら逃げ道がないと思った。旅の中止は、私が自分なりに積み上げてきた実績を、一挙にフイにすることだ。そうしたら、自分はもう何をしたらよいか分らなくなる。最初の屈辱の中に戻るだけだ。

人間の社会の五里霧中をさまようより、この大自然のガスの中のほうが、私にとってはずっと身に合っているのだ。いやいや、この濃密なガスの中でなら、私にも生きのびる道はあるのだ。気が狂いそうな単調さに耐えぬき、弱音を吐きたがる自一分に打ち克つ以外にない。進むこと、ひたすら前へ進むこと。

植村直己

人生論

一　人生論を他人に教わるな。

巌谷大四

幸福を求めて……

幸福は決して怠惰の中にはない。安逸《あんいつ》の中に幸福はない。それはただ平穏があり、仕合せがあるのであって、（幸福）という輝かしいものではない。平穏はやがて、平穏であるからつまらない時が来るし、仕合せは仕合せであるのがつまらない、という時が来る。幸福というものはそういうものではない。

幸福は常に努力する生活の中にのみ有るのだ。

石川達三「人間と愛と自由」

勝つための度胸

勝つと思う人は心がけさえしっかりしておればきっと勝ちます。その代わり人が八時間働くなら十五時間働く。うまいものを食っているときには、自分はうまいものを食わないというだけの度胸がなくてはならぬ。それだけです。

小林一三

夢の実現

人間は夢をもたねばならないが、それを実現すべく努力しなければならぬ。

永野重雄

努力、他に人生なし

私のいちばん好きなことばは、私のモットーとしていることばは「努力」だ。単純なことばだが、何をはじめるにせよ、必要なのはこれ以外にないと思う。そして自分の苦しさ、悩みなどは口に出していうべきものではないだろう。それはひとりで心の中にしまい込んで耐え、戦うもの……、そして戦い終わったのちは、ケロリとしてなんでもなかったような顔をしているものだと思う。

小野　喬（「私をささえた一言」より）

一生懸命に生きる

政治に命をかけるやつもいれば、まんじゅう作りに一生を捧げる者もいる。おれ一人が世の中のことを考えている、苦しみを一人で背負っていると考えている人間や、それを露骨に表わす者を、私はあまり信用しない。政治や人生観を考えている人間が偉いのではなく、一生懸命生きている人が一番偉いのであり、そして、それはしごく当然のことなのである。

高橋三千綱「こんな女と暮らしてみたい」

人間をゆたかにするために

チャップリンは幼年時代ひどい苦労をなめた。貧しさのあまり頭が変になった母とチャップリンは二人暮らしになった。父を五歳で失ったときに母は発狂した。腹ちがいの九歳の兄はこの家から逃れて船のボーイになった。五歳のチャップリンは食べるものがなくなってマーケット裏に捨てられた残パンを拾ったこともあったという。その苦労がのちのチャップリン喜劇の中でいかに生きて描かれているかがわかるのである。それにこの母が実はえらかったのである。気が静まって生気を戻すと、小さな我が子を枕辺に呼び「イエス様はお前が運命をまっとうすることをお望みなのだよ」と何度もさとした。つまり自殺をするなということである。それは小さな我が子にいうよりも苦しい自分にいってきかせたのであろう。そのチャップリンの苦労が後に幸せ（芸術）の花を咲かせたのである。思えば神様は人間をゆたかに幸せにするためにいつも苦労させるのだ。

淀川長治「愉快な心になる本」

将の生き方に学ぶ

わが身の善悪を聞け

ひそかにわが身の目付に頼みおき、時々異見を承わり、わが身の善悪を聞きて、万事に心を付けること、将たる者、第一の要務なり。

豊臣秀吉（「男の決断行動学」より）

諸人のぼんのくぼ

一手の大将たる者が、味方の諸人のぼんのくぼを見て、敵などに勝たるものにてはなし。

徳川家康（「男の決断行動学」より）

器によって職を

人ノ器ニヨリソレゾレ使フハ君ノ職也、故ニ見損ズル時ハ君ノ過也。

（人はその能力、気質に応じて使いなさい。それを見損じては、使う君主の過ちであります）

細川勝元（「武将名言100話」より）

弱みを見せてはならぬ

軍人にとって、最も不安なのは、敗北の予感にみまわれる時だ。そして、その予感を最も強く察知するのは、指揮官が弱っているのをみる時だ。心理的にも、肉体的にも、指揮官は弱みを部下にみせてはならず、その印象を与えぬ努力を欠いてはならない。

エルウィン・ロンメル（児島　襄「指揮官」より）

強靭なる精神を持て

人間には、科学や常識の範疇ではとらえることのできない力がある。不可能を可能としてしまう偉大なパワーが、ときとして発揮されることがある。

そんな力をある者は奇跡と呼び、またある者は幸運と呼ぶ。

だが、奇跡や運に頼って困難なものに立ち向かうことはできない。必要なのは、力強い精神力だ。何事にも負けまいとする意志の力、困難なものにチャレンジしていこうとする勇気。それはしばしば己との戦いでもある。

大切なのは不可能なことに挑戦しようというチャレンジ精神だ。それが奇跡を呼び、常識を打ち破るパワーとなる。熱く燃えたぎる男だけが奇跡を呼べる。

傷つけ、そして勝て！

勝負への執念

要は仕事に対する情熱、「やる気」や。要は「勝つ」ことや。勝とうとする意識、意欲が十五年間ワシを支えてきた。結局、男の精神の糧なんてものは、その男が何に対して〝美〟を見いだすか、の問題やと思う。ワシは野球人としてのワシの美学を常に「勝つ」ことに置いてきた。

《ワシらはプロや。素人やない。ただひとつ、勝つことや》

アマチュアなら、〝正々堂々〟とかキレイごとをいっておれるし、またそれはそれで尊いことやと思う。だけど、プロはなにがなんでも勝つことや。卑怯とののしられようが、後ろから敵に斬りこんで行って、背中に一太刀浴びせたって構わんとワシは思う。ワシらはプロフェッショナルなんやから。

ワシらはいつも「勝つ」ことをモットーにギリギリの修羅場を、今日まで歩んできた。気がついてみたら、いつの間にかかなりの高給取りになっとった。昔、大丸工業の草野球で、二、三千円をもうけては嬉々としてはしゃぎ回り、串カツをたらふく食うことを無上の快楽と心得ていた貧乏少年のワシが、や。勝ってきたからや。といって「勝つ」ことと「金儲け」をすることが、ワシの心理の上で直結していたわけではない。案外おカネには淡白やった。プロ入り以来契約更改でモメた記憶もない。おカネのことでゴチャゴチャするのは好きじゃなかったのだ。そりゃ、人間だからワシも一銭でも多く給料は貰《もら》いたい。でもこちらの期待する年俸が提示されなかった年でも、ワシはポンポン印鑑を捺してきた。《カネがもっと欲しけりゃ、来年もっとがんばればエエ。もっと勝てばいい。要は勝つんや》こう思って生きてきた。

江夏　豊「流浪のサウスポー」

負ける道理がない

わたしは勝たなければならない。絶対に勝たなければならない。選手もわたしもやる気になった。これまでわたしたちはあらゆる苦闘を味わってきたが、いまはあの過去の猛練習以上のことをやらなければならない。そうしてオリンピックでの優勝があるのだ、と思った。

四時から十二時まで、毎夜七時間だった練習が、やがて一時間延び、一時間半延びるというようになり、当然睡眠時間はそれだけ減っていった。そして自分たちはすべてを犠牲にし、眠る時間も減らして練習している――この事実が、やがてソ連に負ける道理がない、という自信となって選手たちの胸に集積されていった。

いいか、自分の目ざすところは剛を制する剛のチームだ。そのためにきみたちは、オールラウンドに世界一にならねばならない。

きみたちは小鳥だが、巨鳥になってもらいたい。きみたちはこれまで勝ちつづけているからといって、オリンピックでも負けないいんだという気持ちがあったらとんでもないことだ。きょうから巨鳥になるためのシゴキをやるが、自分を信じてついてきてもらいたい。

大松博文（「強者の行動訓」より）

プロ意識を持て！

おれは、二十代の前半、どうしても放送作家、劇作家、シナリオライターのいずれかになりたかった。自分の書いたものが、自分以外の誰かに認められたかった。それも、気心の知れ合った仲間ではなく、まったく未知の、そしてプロの道を歩いている人に認められたかった。

そのためには懸賞を狙《ねら》うしかない。審査員の人たちはプロである。プロに認められなければ意味がないと考えた。そう考えた途端に、燃えたものだ。睡眠不足も、燃えれば解消する。

プロを意識した途端に、すべての物事に対して貪欲《どんよく》になる筈だ。すべてを吸収しようとする。吸収するために、人は独自の工夫をするものである。

藤本義一「男の顔は『領収書』」

死線を越える

自分でやるのだ。恥ずかしい思いを何度でも体験し、その口惜しさを忘れるな。狂ったように精魂こめて一つのことに打ち込め。命を賭けるのだ。

命を賭けて一つの目標をやりとげれば、それは死線を一回越えたことになる。死ぬくらいの苦しい思いをして、はじめて道は開かれる。

徳田虎雄「頭の悪い奴が成功する」

ラストに賭ける

別にどうということはありません。ただ自分は八百を泳ぐ時は七百、千五百の時は千三百と考えて全力で泳ぎます。そうするとあとの百、二百は苦しさで腕が肩から抜けそうです。このラストが記録の勝負です。自分はラストの分秒に捨て身の逆転を狙って賭けます。これは意地ですね。

古橋広之進

ライバルに勝つには

自分は学生時代、数学でどうしても勝てない友人が一人いた。学校の寮にいたころ、ある夜ベッドにもぐりこもうとして、ふと、その友人の部屋を見ると、数分後まで燈がついているではないか。

〝これだ！〟とさとった自分は、その翌晩から消燈を友人より数分間くりのべて勉強した。その結果、ついに彼を抜くことができた。

ガーフィールド

自ら行動を

――天は自ら行動しない者に救いの手をさしのべない。

シェイクスピア

避けられないこと

――死と同じように避けられないものがある。それは生きることだ。

映画「ライムライト」より

揺るぎないこの信念

死ぬことと信念と

――私は長いあいだ、君たちに法律にしたがうように説いてきた。その私がどうしてここから脱出できよう。死ぬことと、自分の信念とどちらが大事か！

ソクラテス

降参はしない

―私は征服されるだろう。だが私は降参しないだろう。

サミュエル・ジョンソン

人間とは本来弱い、だが……

――人間とは本来弱いものだ。だが、信念とか使命感で行動する時は、なぜか果てしなく強くなる。

中内　㓛

己の中の敵に克て！

木石のごとき非情な精神

自ら信ずること少なき者が、他の人々に福音を説くことは不可能である。飛びくる矢にたじろがず、木石のごとき非情な精神を持たねばならぬ。

中内　功

内から強いられる

自分たちはどこまでもどこまでも人の内の人生に強いられる限りは進まなければならない。人生に強いられて進むところに恐るるものはないはずである。その時人は最後の勝利を信じていられる。恐るるのは人生が自分の内にしなびることである。自分が内から強いられなくなることである。

武者小路実篤「勇気を燃やす言葉」

自分との闘い

優しいのは性格が弱いからだ。私はそれに打ち克たねばならない。酷いことにも耐える強い心にならねばならない。

倉田百三「出家とその弟子」

おのれに克つ

戦場において数千の敵に勝つよりも、ひとつのおのれに克《か》つ人こそ最上の戦士である。

法句経

滅亡の原因

平氏を亡す者は平氏なり。鎌倉を亡す者は鎌倉なり。

（平家をほろぼしたのは平家じしんだ、鎌倉幕府を亡ぼしたのは鎌倉幕府だ。それなのに。よくひとは、原因をよそに求める）

徳川家康（「男の決断行動学」より）

分をわきまえた人生

武士は分に過ぎた高価な馬を持ってはならない。戦場でよき敵を見かけて追いつめ飛び下りて組まんとする時、あるいは槍を合わせんとておりたたんとする時、馬中間《ちゅうげん》がおくれていると、人に馬をうばわれはしないかなどと考えて、つい心がひるんで、よき期《ご》をはずしてしまうものである。つまり、名馬故に武名を失うことになる。だから、十両で馬を買おうと思ったら、五両の馬にして、期《ご》にあわばおしげなく乗り捨てる覚悟あるべきである。馬にかぎったことではない。武士は名こそ惜しけれ、義のためにはいのちも惜しむべきはない。財宝など塵あくたとも思わぬ覚悟が常にあるべきである。

竹中半兵衛（「武将列伝」より）

自分だけが頭角を

一人して事を埓《らち》明けたがるように致す、これ大なる病なり。

（自分一人だけ頭角をあらわしたがって、何でも一人で処理してしまうのは、ひどい病気というべきだ）

徳川家康（「男の決断行動学」より）

自己観照のできる人

自省の強い人は、自分というものをよく知っている。つまり、自分で自分をよく見つめているのである。私はこれを〝自己観照〟と呼んでいるけれども、自分の心を一ぺん自分の身体から取り出して、外からもう一度自分というものを見直してみる。これができる人には、自分というものが素直に私心なく理解できるわけである。

こういう人には、あやまちが非常に少ない。自分にどれほどの力があるか、自分はどれほどのことができるか、自分の適性は何か、自分の欠点はどうしたところにあるのか、というようなことが、ごく自然に、何ものにもとらわれることなく見出されてくると思うからである。

松下幸之助「一日一話」より

大いなる勇気

勇気という名の生き物

ねえ君、勇気というやつは、生き物なんだ。一つの組織体なんだ。だから鉄砲の手入れをするのと同じ理屈で勇気も手入れをしなくてはならないんだ。

マルロー

生命を賭けて戦え！

どこまでも勝ちぬき、どこまでも生きぬくためには、勇敢であることが必要なのだ。そして勇敢の第一の条件は生命を捨てるのを恐れずに戦うということだ。それも弱者のため、自分の保護を要求する人のために身を犠牲として戦う。これが勇敢なものの特質である。

武者小路実篤「勇気を燃やす言葉」

王座を守りつづけるには

チャンピオンの王座をまもり、世界を制覇しつづけるためには、自分の弱気や、迷いや、ゆるみ心に打ち勝つ勇気以外にない。

輪島功一

退いて守る勇

勇気を修養するものは、進むほうの勇ばかりでなく、退《しりぞ》いて守る力の沈勇もまたこれを養うよう心がけねばならない。両者そろって真の勇気が成る。

新渡戸稲造

真の勇気

働くということには、不平や不満がつきまとうように宿命づけられている。その宿命に簡単に負けたのではおしまいである。自分を不幸にするだけだ。敢えてその宿命に挑戦する気になったら、そして、それによって自分という人間の真の値打ちを知ろうと努力する気になったら暗闇《くらやみ》の中に一条の光明を発見出来るかもわからないのである。そのためには勇気が必要である。

繰り返すが、人間は勇気を失ってはおしまいなのである。甘ったれてはならぬのである。

源氏鶏太「サラリーマンのための十二章」

最上の志とは

天を目指し

目標は美である。愛である。完全である。
天にとどかないでも
大きな杉は天を目ざして進む
我らも天を目指して進むのだ。
天は遠い、我らの歩ける所は短い。
それでもいいのである。
天を目ざして進むのである。
個々が生きてすべてが生きる道である。
自分の自画像は
白骨となっても
天を目指して進むのである。

武者小路実篤「勇気を燃やす言葉」

我れをもって最上とすべし

―― 世に活物たるもの衆生なれば、いづれを上下とも定め難し。今世の活物にては、唯《た》だ、我れをもつて最上とすべし、されば天皇を志すべし。

坂本竜馬（早乙女貢「風雲児烈伝」より）

万国共通の金貨たれ

―― 〝金貨一円〟になれ、といいたい。紙幣の一円は日本国内だけしか通用しないが、金貨であれば、世界中、同じ一円の価値で通る。この金貨のようにどこでも通用する人物になれ、ということだ。

佐伯勇

我に七難八苦を

―― 願わくば我に七難八苦を与え給え。

山中鹿之介（「武将名言100話」より）

★山中鹿之介は、戦国の世の中で主家の再興に苦闘し、文字通り七難八苦の生涯を生きた武将であった。戦乱の時代に一つの悲願を生涯を通して追い求め、その願いを成就できずに倒れた者は多い。鹿之介は、いわばそういう悲運の武将の代表格といえよう。
「艱難汝を玉にす」という言葉があるが、自ら荊棘《けいきょく》の道を望むひたむきな生き方は、そうできるものではない。人間とは本来弱い生きものだ。その弱さをカバーするのが、強い意志の力であり、何事にも屈しない精神力である。そしてこれらを支えるのが、生きるうえでの志であり目的だ。

富の中の自由

貧乏はたのしいものだと他人に思わせるのはけしからぬ態度である。貧乏にたいしてノスタルジアを感じたり、その中に自由を見出したりする人にはまだ会ったことがない。名声や巨富は拘束を意味するなどといって貧乏人を説得することはだれにもできまい。げんにわたしは富の中になんの拘束も発見しない。――それどころか、わたしはその中にたくさんの自由を発見するのである。

チャップリン「自伝」

違和感が偉大なる人物を作る

真珠貝は貝殻の内側にはいった砂くずが痛いため、それを包む成分を出しているうちに真珠を作り、詩人は自分の心の痛みをもととして詩を作るという。貝にとっては、砂くずは異物である。それが貝にとっては違和感なのであろう。しかしそれがもととなって美しい真珠が貝殻の内側に形成されるのである。人の心もおなじだ。強烈な違和感が偉大なる人物を作るもとになるのである。

渡部昇一「『人間らしさ』の構造」

〈出典一覧〉

赤尾好夫「若人におくる言葉」旺文社／厚田昌範「悪の処世学」ＫＫロングセラーズ／荒井良雄「シネマ名言集２」芳賀書店／アントニオ猪木「苦しみの中から立ちあがれ」みき書房／石川達三「人間と愛と自由」新潮社／石原慎太郎「君に情熱を教えよう」いんなあとりっぷ社「太陽の季節」新潮社／市川又彦「笑う鉄人バーナード・ショー」早稲田大学出版部／五木寛之「燃える秋」角川書店／伊藤肇「男から見た男の魅力」産業能率大学出版部／植村直己「北極点グリーンランド単独行」文藝春秋社／宇治野憲治「朝礼訓話名言集」経林書房／梅原猛「学問のすすめ」佼成出版社／江夏豊「流浪のサウスポー」講談社／エンドア（ガイ）「パリの王様―大アレクサンドル・デュマ物語」講談社／遠藤周作「埋もれた古城」集英社「おバカさん」中央公論社・角川書店「愛と人生をめぐる断想」文化出版局「恋の絵本」大和書房「ただいま浪人」講談社「鉄の首枷」中央公論社「灯のうるむ頃」角川書店「勇気ある言葉」集英社／扇谷正造「現代ジャーナリズム入門」角川書店「私をささえた一言」青春出版社／大山梅雄「会社再建の秘訣」ダイヤモンド社／岡本太郎「自伝抄Ｉ」読売新聞社／岡谷繁夫著・江崎俊平訳編「名将言行録」社会思想社／風巻絃一「武将の一言」日本文芸社／樫山純三「走れオンワード」日本経済新聞社／「生きる」大和書房／加藤尚文「男の決断行動学」柏書房／鎌田勝「リーダーシップ名言集」立風書房／河盛好蔵「愛・自由・幸福」新潮社／Ｄ・カーネギー「道は開ける」創元社／北杜夫「どくとるマンボウ青春記」中央公論社／紀野一義「法華経を読む」講談社／ギュラン（ピエール）「人間マルクス」岩波書店／倉田百三「出家とその弟子」角川書店／桑田忠親「武士の家訓」旺文社／桑田忠親監修「武将名言100話」立風書房／ケラー（ヘレン）「わたしの生涯」角川書店／源氏鶏太「サラリーマンのための十二章」角川書店／小池聰行「未来を現在に持ち込む人々」オリジナルコンフィデンス／小島直記「続・タ

陽を知らぬ男たち」旺文社／児島襄「指揮官」（上・下）文藝春秋社／小中陽太郎「おれは何を目指せばいいんだ」青春出版社／小松左京「宇宙から愛をこめて」文化出版局「ゴルディアスの結び目」角川書店／早乙女貢「風雲児烈伝」ＰＨＰ／ジード（アンドレ）「地の糧」新潮社／「ジューコフ元帥回想録」朝日新聞社／徐京植編訳「徐兄弟獄中からの手紙」岩波書店／庄司薫「赤頭巾ちゃん気をつけて」中央公論社／東海林さだお「ショージ君の青春記」文藝春秋社／城山三郎「辛酸」中央公論社／菅原義道「死んでもともと」日新報道出版部／鈴木健二「人間の価値は何で決まるか」大和出版／宗道臣「少林寺拳法入門」徳間書店／ソレンセン「フォードその栄光と悲劇」産業能率短大出版部／竹村健一「素人だからやりなさい」青春出版社／先代・橘家圓蔵「てんてん人生」木耳社／立川談志「現代落語論」三一書房／立原正秋「男性的人生論」角川文庫／ツヴァイク（シュテファン）「マリー・アントワネット」みすず書房／徳田虎雄「頭の悪い奴が成功する」祥伝社／土光敏夫「経営の行動指針」産業能率大学出版部／内藤國雄「阪田三吉名局集」講談社／中内功「中内功の一日一訓」ＫＫロングセラーズ「中内功の燃える言葉」中経出版／原口統三「二十歳のエチュード」角川書店／ファーブル「昆虫記」岩波書店／藤本義一「男の顔は『領収書』」ＰＨＰ「天井知らず」集英社／ベートーヴェン「音楽ノート」岩波書店／堀秀彦「格言の花束」社会思想社／本多勝一「冒険と日本人」集英社／松下幸之助「一日一話」ＰＨＰ／マーフィー（ジョセフ）「眠りながら巨富を得る」産業能率大学出版部／丸山健二「イヌワシ賛歌」文藝春秋社／三木清「人生ノート」新潮社「哲学と人生」河出書房／三木卓「青春の休み時間」集英社／三鬼陽之助「決断力」光文社「サラリーマンタブー集」光文社／棟方志功「わだばゴッホになる」日本経済新聞社／むのたけじ「詞集たいまつⅠ」評論社／百々由紀男「強者の行動訓」日本文芸社／森村誠一「ビジネス葉隠」角川書店／諸星龍「燃える男だけが生き残る」日本経営指導センター／矢沢永吉「成りあがり」角川書店／柳田邦男「大いなる決断」講談社／吉尾弘「垂直に挑む」中央公論社／吉行淳之介「男と女をめぐる断章」

集英社「面白半分のすすめ」角川書店「ぼくふう人生ノート」集英社「闇のなかの祝祭」角川文庫／淀川長治「愉快な心になる本」KKベストセラーズ／リルケ「若き詩人の手紙」新潮社／渡部昇一「『人間らしさ』の構造」講談社／和田誠「お楽しみはこれからだPART3」文藝春秋社／「現代落語三〇人集」新風出版社／「古典落語第二巻」筑摩書房／「ことわざ名言辞典」永岡書店／「資本主義の先駆者」TBSブリタニカ／「世界金言名言事典」昭文社／「世界の伝記自叙伝総解説」自由国民社／「世界の名言」金園社／「世界の名文句引用事典」自由国民社／「〝やる気の鬼〟の感動！90話」中経出版

〈この本は二〇〇五年にＫＫロングセラーズより刊行した「人の心を動かす名言」を改題改訂したものです〉

覚悟を磨く名言

編　者　　LGS編集部 編纂
発行者　　真船 壮介
発行所　　KK ロングセラーズ
　　　　　東京都新宿区高田馬場4-4-18　〒169-0075
　　　　　電話（03）5937-6803（代）
　　　　　http//www.kklong.co.jp

印刷・製本　中央精版印刷（株）
落丁・乱丁はお取り替えいたします。※定価と発行日はカバーに表示してあります。
ISBN978-4-8454-2546-4 C0030 Printed In Japan 2025